後自由主
Post-Liberali

應奇◎著
孟樊◎策劃

出版緣起

社會如同個人，個人的知識涵養如何，正可以表現出他有多少的「文化水平」（大陸的用語）；同理，一個社會到底擁有多少「文化水平」，亦可以從它的組成分子的知識能力上窺知。眾所皆知，經濟蓬勃發展，物質生活改善，並不必然意味著這樣的社會在「文化水平」上也跟著成比例的水漲船高，以台灣社會目前在這方面的表現上來看，就是這種說法的最佳實例，正因為如此，才令有識之士憂心。

這便是我們——特別是站在一個出版者的立場——所要擔憂的問題：「經濟的富裕是否

也使台灣人民的知識能力隨之提昇了？」答案恐怕是不太樂觀的。正因爲如此，像《文化手邊冊》這樣的叢書才值得出版，也應該受到重視。蓋一個社會的「文化水平」既然可以從其成員的知識能力（廣而言之，還包括文藝涵養）上測知，而決定社會成員的知識能力及文藝涵養兩項至爲重要的因素，厥爲成員亦即民眾的閱讀習慣以及出版（書報雜誌）的質與量，這兩項因素雖互爲影響，但顯然後者實居主動的角色，換言之，一個社會的出版事業發達與否，以及它在出版質量上的成績如何，間接影響到它的「文化水平」的表現。

那麼我們要繼續追問的是：我們的出版業究竟繳出了什麼樣的成績單？以圖書出版來講，我們到底出版了那些書？這個問題的答案恐怕如前一樣也不怎麼樂觀。近年來的圖書出版業，受到市場的影響，逐利風氣甚盛，出版量雖然年年爬昇，但出版的品質卻令人操心；有鑑於此，一些出版同業爲了改善出版圖書的品質，進而提昇國人的知識能力，近幾年內前後也陸陸續續推出不少性屬「硬調」的理論叢書。

這些理論叢書的出現，配合國內日益改革與開放的步調，的確令人一新耳目，亦有助於讀書風氣的改善。然而，細察這些「硬調」書籍的出版與流傳，其中存在著不少問題。首先，這些書絕大多數都屬「舶來品」，不是從歐美「進口」，便是自日本飄洋過海而來，換言之，這些書多半是西書的譯著。其次，這些書亦多屬「大部頭」著作，雖是經典名著，長篇累牘，則難以卒睹。由於不是國人的著作的關係，便會產生下列三種狀況：其一，譯筆式的行文，讀來頗有不暢之感，增加瞭解上的難度；其二，書中闡述的內容，來自於不同的歷史與文化背景，如果國人對西方（日本）的背景知識不夠的話，也會使閱讀的困難度增加不少；其三，書的選題不盡然切合本地讀者的需要，自然也難以引起適度的關注。至於長篇累牘的「大部頭」著作，則嚇走了原本有心一讀的讀者，更不適合作爲提昇國人知識能力的敲門磚。

基於此故，始有《文化手邊冊》叢書出版之議，希望藉此叢書的出版，能提昇國人的知識能力，並改善淺薄的讀書風氣，而其初衷即針對上述諸項缺失而發，一來這些書文字精簡扼要，每本約在六至七萬字之間，不對一般讀者形成龐大的閱讀壓力，期能以言簡意賅的寫作方式，提綱挈領地將一門知識、一種概念或某一現象（運動）介紹給國人，打開知識進階的大門；二來叢書的選題乃依據國人的需要而設計，切合本地讀者的胃口，也兼顧到中西不同背景的差異；三來這些書原則上均由本國學者專家親自執筆，可避免譯筆的詰屈聱牙，文字通曉流暢，可讀性高。更因爲它以手冊型的小開本方式推出，便於攜帶，可當案頭書讀，可當床頭書看，亦可隨手攜帶瀏覽。從另一方面看，《文化手邊冊》可以視爲某類型的專業辭典或百科全書式的分冊導讀。

我們不諱言這套集結國人心血結晶的叢書本身所具備的使命感，企盼不管是有心還是無心的讀者，都能來「一親她的芳澤」，進而藉此提昇台灣社會的「文化水平」，在經濟長足發展之餘，在生活條件改善之餘，國民所得逐日上昇之餘，能因國人「文化水平」的提昇，而洗雪洋人對我們「富裕的貧窮」及「貪婪之島」之譏。無論如何，《文化手邊冊》是屬於你和我的。

孟　樊

一九九三年二月於台北

序

「有多少個自由主義者，就有多少種自由主義」，自由主義危機的弔詭就在於，當它從曼徹斯特自由主義或所謂「資產階級利益的意識形態」發展成爲整個英國社會的哲學，並進一步把自己刻劃成具有普世意義的政治理念時，它爲自身奠基的工作卻不斷受到各種各樣的批評和挑戰。甚至在自由主義內部，對它是否應該是一種整全性的（comprehensive）學說——如果是，它的可辯護的理據是什麼；如果不是，它又應該具有什麼樣的理論形態——這樣的問題亦仍然聚訟未已，莫衷一是。

1993年，二十世紀最重要的自由主義思想家之一約翰・羅爾斯(John Rawls)發表了繼其里程碑式的巨著《正義論》(*A Theory of Justice*, 1971)之後的又一嘔心瀝血之作《政治自由主義》(*Political Liberalism*)。在其新著中，羅爾斯接受了社群主義(Communitarian-ism)與價值多元論的嚴峻挑戰，但回應這種挑戰的武器卻頗爲出人意表，羅爾斯放棄了對「正義即公平」(Justice as Fairness)的康德式解釋(Kantian Interpretation)，試圖使政治自由主義與任何整全性的宗教、道德和哲學學說脫鉤，並將其描述成「免除了立場的觀點」(free standing view)。可以說，羅爾斯思想的晚近發展以一種特殊的方式凸現出自由主義面臨的挑戰的嚴重性。這種挑戰的嚴重性已經使得人們有必要從更寬闊的理論、歷史和文化的視野來思考後自由主義問題了。

儘管在「自由主義——社群主義之爭」中存在大量答非所問的現象和顯而易見的混淆，但在某種限定的意義上，我們仍然可以從「消極自由(negative liberty)和積極自由(positive liberty）之爭」的角度來把握雙方的爭論，這種爭論在制度實踐的層面則更多地體現爲程序性自由主義和共和主義之間的分歧，而哈伯瑪斯（Jürgcn Habermas）晚近倡導的所謂程序主義的政治觀（proceduralist view of politics），則正是爲了綜合、揚棄和超越自由主義與共和主義這兩種主要的政治哲學傳統的抽象對峙。

這個小冊子正是在對當代政治哲學的嬗變軌跡和內在理路的這樣一種了解的基礎上寫成的。原擬寫四章，雖然資料搜集已相當完備，但計劃中的第四章「衝突、承認和信任」最後仍未寫出，這倒不是由於我對黑格爾（G. F. Hegel）的「正反合」有什麼偏愛（儘管這裡揭示的發展線索與黑格爾哲學史中的「圓圈」頗爲吻合），而是基於兩個十分現實的理由，一是類似的文本和讀物坊間已不難覓，二是這套叢書的篇幅要求也不容許我一再膨脹其結構。所幸，略去這一章並不影響這裡所論的完整性，在某種程度上反會使本書的主線更爲顯豁。但要強調的是，對我來說，當代政治哲學之演變脈絡也是隨著研習過程的延展而逐漸清晰地呈現出來的，因此，在寫作本書的過程中，我有時不得不利用已經完成的兩本小書《羅爾斯》和《社群主義》中的部分材料（當然都經過了改寫和重新組織），這是需要特別加以說明的。

最後，我要對自始至終給予我的工作以極大的理解和支持的孟樊先生致以深切的謝意。

應　奇

1999年3月14日於杭州

目　錄

導　論

卡爾・波普（Karl Popper）在批判歷史決定論（historicism）時曾經注意到人類歷史上這樣一種令人驚奇的現象：預言導致所預言的事情的發生。

早在1989年之前，1989年就已經是流行於知識界的一個熱門話題。對於西方人來說，1989年之所以重要，是因爲這一年是法國大革命二百周年；在中國人心中，1989年之所以重要，是因爲這一年是五四運動七十周年。但是，誰也沒有料到這一年會像後來的事變所顯示的那樣重要，這一年發生的一系列事件對人類歷史的深遠影響，很可能要運用年鑑史學派所謂長時段歷史觀才能加以把握。

歷史上常常有驚人的相似之處，但要觀察到這種相似的現象，也許我們還可以把時間的距離拉得更近。

在本世紀五〇年代至六〇年代初，當時西方知識界的菁英雷蒙・阿宏(Raymond Aron)、丹尼爾・貝爾(Daniel Bell)、愛德華・希爾斯(Edward Shils)和西摩・馬丁・李普塞(Seymour Martin Lipset)就曾經預言，意識形態的「衰落」甚至「終結」將成爲發達工業社會及後工業社會的特點。但是，「這種斷言在六〇年代末及七〇年代初受到了猛烈的抨擊。以五花八門的『新左派』形式再現的左翼政治和基於其他社會成分（如少數民族、婦女、學生）基礎上的群眾運動的發展，似乎初步表明那些斷言『意識形態終結』的學者們已誤入歧途。」[1]

如果說，五〇、六〇年代的「意識形態終結論」所表徵的只不過是本世紀中葉西方發達國家內部比較廣泛地存在的意識形態和政治方面的共識，從而它本身亦不過是一種判斷出事物本質後在政治上自鳴得意的意識形態；那麼，在作爲冷戰結束的歷史性界標的1989年重新出現的「歷史終結論」的理論抱負，則似乎要高遠得多。

1989年夏季號的《國家利益》（*The National Interest*）雜誌發表了日裔美籍政治學者福山（Francis Fukuyama）的〈歷史的終結？〉（The End of History？）一文。福山在文中論證道，過去的幾年裡，在全世界出現了對自由民主制度作爲一種政治制度的合法性的了不起的共識，它戰勝了像世襲君主制、法西斯主義，最近還有共產主義這樣敵對的意識形態，但同時，自由民主亦可能是「人類意識形態進化的終點」，是「人類政治的最後形式」，因此構成了「歷史的終結」。具體來說，如果說自由民主制度是自由和平等的原則在政治領域的體現，那麼自由市場經濟則是這兩個原則在經濟領域的體現。所以全面地說，「歷史的終結」這個命題的根據是自由民主制度和自由市場經濟——簡言之，政治自由和經濟自由

——在這幾年的決定性勝利。

福山坦承，他的歷史觀是在俄裔法國哲學家柯熱夫（Alexandre Kojeve）的黑格爾主義啓發下，從黑格爾和馬克思（Karl Marx）那裡得來的。「黑格爾和馬克思都相信，人類社會的進化不是無限連續，而是在人類完成一個社會形態，一旦這個社會形態會滿足最深又最基本的憧憬時，就會終結。」[2]對黑格爾來說，歷史的終點是自由制國家，對馬克思來說，歷史的終點是共產主義社會。歷史的終結的意謂則是，「真正的重大問題都已解決，形成歷史基礎的原理與制度，遂不再進步與發展。」[3]換言之，兩大自由的勝利之所以標誌著歷史的「終結」，是因爲這「終結」（end）表示「目的」，這「歷史」（history）則是大寫的歷史（History），而政治自由和經濟自由，則是這種大寫的歷史的目的：它們的勝利也就是歷史目的的達到。

福山對歷史終結的過程提供了兩種解釋，第一是所謂「現代自然科學的邏輯」，即用現代自然科學這個公認的不斷進步著的力量的作用來解釋，它使得人類社會越來越「均質化」，都要經歷都市化、合理化、現代化，它似乎導致了普遍的向資本主義的發展；但自由民主制度的發展卻無法從這個角度解釋，因爲技術上先進的資本主義往往並不同自由民主制度並存。因此，福山設法在現代自然科學之外來爲歷史的終結尋找解釋。爲此，他再一次訴諸黑格爾：用黑格爾所謂「爲了承認的鬥爭」（struggle for recognition）來解釋民主制度的形成。在黑格爾看來，人區別於動物的地方在於他不僅有對於維持其生命所必需的東西的欲望，而且有對於別人的欲望的欲望——要求別人對他的承認，尤其是要求被承認爲人，而人是有尊嚴、有價值的。福山又以柏拉圖（Plato）對欲望、理性和激情（thymos）的三分法作爲黑格爾的旁證。「激情」正是人的靈魂中那個既區別於理性，又區別於欲望的使人感到自尊的東西。人類社會 走向自由民主制過程的最終根據是對於自尊，對於被承認的追求，因爲在這個制度下面每個人都得到承認和尊重。但在福山看來，重要的是看到不可能有一種制度能同時充分滿足理性、欲望和激情，我們應該滿足於合理的欲望和合理的激情之間的平衡，而只有民主制度才能做到這種平衡。[4]

無論把福山的理論讀解成美國人在二十世紀末期共產主義的廢墟上產生的一種前所未有的樂觀情緒，從而〈歷史的終結〉堪稱資本主義的勝利宣言書，還是認爲福山的論點包含著對西方能夠保持優越位置的欲望，因而帶有濃重的保守色彩，[5]有一點是清楚的，那就是，福山對自由民主的歷史地位的信心並非來自對自由主義政治哲學的系統反思，[6]因爲正如牛津政治哲學家格雷(John Gray)所論證的，自由主義從來沒有成功地表明自由民主制度對於正義和人類的善是唯一必要的，「自由主義政治哲學的所有種類——功利主義的、契約論的、或作爲一種權利的理論的——都未能確立它的基本論題：自由民主制度是能被理性和道德所維護的唯一的人類政府形式，因此它未能對當代知識分子的這種政治宗教——它把對人類的傷感的崇拜同對政治改革的世俗的熱情結合了起來——提供理性的支持。」[7] 也正因此，格雷提出了「歷史的終結還是自由主義的終結？」這樣的問題。在他看來，只有把自由主義的核心理解爲市民社會，而不是立憲民主制度，福山的論題才能得到理解。有鑑於此，格雷在 1989 年之後大力提倡他所謂後自由主義（post-liberalism）的觀點，其核心是「市場自由主義」（market liberaism）和「有限政府」（limited government）。所謂「市場自由主義」是指這樣的主張，「經濟活動的主要部分最好是在承認財產私有和契約自由的政權下的市場資本主義的各種制度內進行」；而所謂「有限政府」則是指這樣一種形式的政府，它的職能「限於設置市場資本主義的框架（包括一個穩定的市場秩序所要求的在分配和文化方面的前提）」。[8]在格雷看來，西方的同自由民主制度相聯繫的市民社會只是市民社會的一種形式，也可以有其他形式的不與自由民主制度相聯繫的市民社會，如東亞（韓國、新加坡和臺灣）的市民社會就是專制主義的而不是自由民主的市民社會，但它們確實屬於市民社會的範疇。

對在西方和東歐占主導地位的對 1989 年的解釋，格雷說他只贊成一半，即認爲 1989 年的積極意義僅在於它是市民社會對於極權主義（totalitarianism）的勝利，而不是西方式的自由民主的勝利。換言之，1989 年只是一般意義上的市民社會的勝利，而不是特殊形式的即西方式的市民社會的勝利。

就把福山的論著理解成對 1989 年前後一系列事件的反應而言，著名的德裔英國社會學家兼社會活動家達倫道夫（Ralf Dahrendorf）的觀點與格雷有些相似。達倫道夫認爲，福山像許多別的西方人甚至東歐人一樣，把 1989 年以前的四十年看作是西方的民主資本主義和東方的國家社會主義兩大制度之間的鬥爭，而在達倫道夫看來，1989 年的意義不在於一種特定的制度戰勝另一種特定的制度，而在於

「開放社會」戰勝「封閉社會」。

引人注目的是，1995年，「世界體系理論」的倡導者、曾任1994年國際社會學會主席的當代著名社會學家、國際史學家和國際政治理論家伊曼努爾・華勒斯坦(Immanuel Wallerstein)發表了《自由主義之後》(*After Liberalism*)一書，提出了可以說是與福山針鋒相對甚至與格雷亦大相逕庭的對於1989年的歷史意義的讀解。[9]

在華勒斯坦看來，1989年的歷史性變化的含義並不是一般意義上的歷史的終結，實際上是特定歷史時期的終結。問題是，這是1945年至1989年第二次世界大戰後時期（即所謂冷戰期）的結束，還是1917年至1989年共產主義政權存在時期的結束，或者是1789年至1989年法國大革命產生影響時期的結束，甚至是1450年至1989年現代世界體系上升期的結束？這些解釋在一定意義上都是成立的，它們是一個環環相扣的解釋鏈，組合起來共同發生作用，但在世界體系的解釋框架下都顯示出各自特有的局限性。

世界體系理論認爲，1789年至1989年時期之最顯著特徵在於，它是自由主義意識形態開始取得勝利和逐漸占據統治地位的歷史時期。但是，如果說1989年標誌著某個歷史時期的結束，那麼它不是或主要不是共產主義政權存在時期的結束，而是一個政治文化時代之結束的標誌，是法國大革命200年以來歷史時期的結束，實質上是自由主義走下坡路的開端。這是因爲，1968年，那些曾經被自由主義一致性挫傷的力量，以無政府主義的形態，轉過頭來反對自由主義——社會主義的意識形態；1989年，那些曾經受到自由主義一致性挫傷的力量，以自由市場的名義，轉過頭來對抗自由主義式的社會主義意識形態以及前蘇聯式政權的典範。但是，無論如何，從1968年到1989年，自由主義的一致性及其向世界工人階級的許諾遭到了重挫。如果是這樣的話，馴服世界工人階級也就不再可能。因此，1989年共產主義失敗的真正意義，是自由主義作爲一種霸權意識形態的失敗。[10]

世界體系理論家相信，自由主義之後的時期——即1989年以後的時期，將是一個重大政治鬥爭的時期。自由主義在風光了二百年之後，已經無力爲二十一世紀的人類提供革命性的抉擇。從現在起的二十至二十五年內，將是一個系統紊亂（chaos）和無序（disorder）的時期。時下流行的所謂「市民社會」的主張並不能改變已有的構造，所謂「市民社會」不過是法國革命以來資產階級確立自身權利和權力的標籤，它是與「國家」相輔相成，唇齒相依的。「市民社會」的發展，首先是出現在十九世紀的西歐和北美，迄今爲止僅僅是自由主義國家結構的一部分，它到處被用於馴化「危險階級」的努力，隨著國家的削弱及其神聖性的消失，市民社會必然解體。新的格局是對自由主義霸權的全面否定。

可見，如果與自由主義自身的歷史命運聯繫起來，對1989年的解讀即使在西方人眼中也遠遠沒有取得共識，毋寧說是莫衷一是甚至針鋒相對的。「後自由主義」還是「自由主義之後」，抨擊自由主義爲自身奠基的努力最終失敗的所謂「後自由主義」本身，即是自由主義的一個變種，抑或世界體系理論家的自由主義批判不但屬於一種比較「邊緣化」的學說，甚至是一種「怪異言論」、「異想天開的念頭」，本書並不自詡能回答這些問題，其目標僅限於圍繞對自由主義政治哲學的批判以及自由主義理論的自我反思，提供背景，介紹爭論，以裨益於關心自由主義之歷史命運的人們的思考。

註　釋

[1] 參見S. M. Lipset, *Consensus and Conflict*, Transaction Inc., 1985, Ch.III.

[2] 福山，《歷史的終結》，頁2-3，遠方出版社，1998。

[3] 同註2。

[4] 這裡及以下的部分概述參照童世駿，《冷戰後的歐洲人文思想界》，1995年，上海油印本。

[5] 參見李楊、白培德（Peter Button），《文化與文學：世紀之交的凝望》，頁8-9，國際文化出版公司，1993。

[6] 當代英國政治理論家戴維‧赫爾德（David Held）認為福山的論著在某種意義上是為八〇年代西方主要的政府，尤其是雷根和柴契爾政府的許多陳腔濫調提供了精致的論證，並在其1996年出版的新著《民主的模式》（*Models of Democracy*）中從以下幾個方面批評了福山的「歷史終結論」：首先，福山沒有系統地分析不同類型的自由主義，也沒有對人們應該在它們中間如何選擇提供任何看法；其次，福山沒有探討自由主義民主中「自由」的內容和「民主」的內容之間是否存在著緊張甚至是矛盾的關係；第三，福山在確認經濟自

由主義原則和市場機制的同時，忽視了市場關係本身就是可以限制和制約民主過程的權力關係，沒有考察積累無限的經濟資源的自由及其產生的不平等是否侵犯了政治自由和民主政治。見氏著，《民主的模式》中譯本，頁356–357，中央編譯出版社，1998。

[7]J. Gray, *The End of History or of Liberalism? In Post-liberalism: GStudies in Political Thought*, London and New York: GRoutledge, 1993, p.246.

[8]J. Gray, *Beyond the New Right: Market, Government and the Common Environment*, London and New York: Routledge, 1993, p.43.

[9]以下對華勒斯坦新著的概述參照王逸舟，《西方國際政治學：歷史與理論》，頁565–583，上海人民出版社，1998。

[10]華勒斯坦的論證策略是透過闡述保守主義、自由主義和社會主義這三種主要的意識形態的相互滲透，把它們歸結為關於現代性的虛假爭論。例如他認為，我們最後是以自由主義的兩個變種即社會主義的自由主義和保守主義的自由主義而告終的，甚至二十世紀的各種「極權主義」是自由主義維持其核心地位的另一種形式，社會主義的保守主義（或者說保守主義的社會主義）在某種程度上也是自由主義的變種，是以兇暴的形式出現的自由主義，「儘管列寧主義聲稱它是一種強烈

反對自由主義的意識形態，但它實際上只是自由主義的一種表現形式……它實際上走的是一條與威爾遜主義相同的道路」，參見前揭華勒斯坦書的節譯，〈三種還是一種意識形態？〉，載《馬克思主義與現實》，1999年第1期。

第一章
自由主義種種

說到自由主義，稍有政治哲學常識的人就會想起政治思想史中廣泛流行的對於古典自由主義（classical liberalism）和現代自由主義（modern liberalism）的區分。

根據這種區分，十八世紀和十九世紀早期的古典自由主義主張，國家的唯一功能即是保護作爲其成員的公民的某些權利，特別是個人自由權和私有財產權；十九世紀晚期出現的現代自由主義（J. Gray稱爲revisionist varieties，「修正主義的變種」）則認爲國家即使以個人自由和財產權利的某種程度的犧牲爲代價，也應當關心公民的貧困、不良的健康和教育狀況。

就是說，相對於古典自由主義在擺脫干涉的意義上理解的消極自由，現代自由主義更多地賦予國家、政府以積極干預的職能，從而帶有濃厚的福利主義和平等主義色彩。

但是，晚近的研究，已經對上述簡單的兩分法提出了挑戰。政治思想史研究者們對自由主義傳統的複雜性的了解愈是深入，他們似乎愈有理由提出這樣的問題：

一、自由主義有歷史嗎？

按照英國輝格黨人的歷史學傳統，公元前五世紀的希臘思想與實踐被視爲自由主義的最早淵源。「自由主義有歷史嗎？」的質疑，所針對的正是這種「認爲現代自由主義不過是對至少可以追溯到蘇格拉底（Socrates）的自由思想和唯信仰主義（antinomianism）的現代表達」的傳統觀點，這種挑戰的目標則是解構自由主義的自我解釋，把自由主義當作是在思想史上不連續的階段中創立起來的理論。在這種觀點看來，只要承認一向被視為古典自由主義典範的蘇格蘭思想家（Scottish thinker），如亞當・斯密（Adam Smith）、亞當・弗格森（Adam Ferguson）等人本身曾經受到公民人文主義（civic humanism）和古典共和主義（classical republicanism）傳統的深刻影響，並把洛克（John Locke）、康德（Immanuel Kant）、斯密和彌勒（J. S. Mill）視作是一種單一的觀念傳統的解釋者，就是一個巨大的錯誤。這是因為，所謂公民人文主義和古典共和主義與自由主義的關繫是曖昧不明的。因此，如果自由主義有歷史，那也只是從十九世紀早期才開始的，認為在法國大革命之前就存在理論形態的自由主義並且其系譜一直可以追溯到古代世界的觀點不過是一種「輝格黨的幻覺」（Whiggish illusion）。

應當指出，這種觀點在警示我們不要過分地追求自由主義傳統的連續性和融貫性（包括那種把自由主義輕易地區分為擁護消極自由的古典自由主義和擁護福利主義或平等主義的現代自由主義的二分法），從而代表了一種謹慎的方法論的懷疑主義（a methodological scepticism）方面是很值得引起重視的。但是肯定從彌勒到羅爾斯的自由主義理智傳統的同一性並不是要抹殺其內部包含了逆行的和辯證的運動的這一傳統的複雜性。[1]

正如克羅齊（Benedetto Croce）所言，「一切真歷史都是當代史」，[2]人們總是立足於具體的現實情境及其理論需要去重建歷史系譜，重釋歷史傳統的。「舊有的真理若要保有對人之心智的支配，就必須根據當下的語言和概念予以重述……這類對理想的陳述，都必須適應於某一特定的語境，必須以當時所有的人所接受的大多數觀點爲基礎，而且還必須根據這些人所關注的問題來闡明一般性原則」，[3]而傳統、歷史和真理亦在這種重述活動中獲得其生機和活力。

就我們當下關心的後自由主義論題而言，要討論自由主義的歷史，就必須從社群主義和自由主義的論戰著眼，因爲社群主義正是目前與自由主義相頡頏的一種後自由主義話語；也只有以這一論戰中涉及到的關鍵性理念爲基本線索去重新梳理包括自由主義在內的西方政治傳統的歷史，才能洞悉這一論戰的實質，指明政治哲學繼續發展的道路。

從這一角度入手，我們可以粗略地把傳統的自由主義分爲契約論的和功利主義的這樣兩個階段。我們可以套用哈特（H. L. A. Hart）教授的名文，將其稱作「在權利和功利之間」（between right and utility）的自由主義。在經歷了政治理論史研究和行爲主義政治學的衝擊後得到復興的規範政治理論的代表——羅爾斯的新自由主義的目標，即是透過恢復和提高支配了啓蒙運動政治思想的社會契約論的論證模式，以取代在道德哲學和政治哲學中占有統治地位和壓倒優勢的功利主義；而以泰勒（Charles Taylor）和桑德爾（Michael Sandel）爲代表的社群主義，則試圖通過復興共和主義的傳統來達到一箭雙鵰的目標，即摒棄功利主義和新自由主義（在政治思想史中，人們一般把

T. H. 格林、L. T. 霍布豪斯和J. A. 豪布生等人稱作新自由主義的主要理論家，本書把這種自由主義稱作社會自由主義或社會自由主義的先驅，具體闡述請見下節）。

按照《布萊克維爾政治學百科全書》（*The Blackewell Encyclopaedia of Political Science*）的作者的意見，現代（十六世紀以後）政治哲學的歷史在很大程度上是以政治義務（political obligation）問題爲中心的。該問題包括三個主要方面：(1)我對誰或對什麼負有政治義務？——政治權威的識別；(2)我對政治義務的服從究竟有多大程度或者是在什麼方面？——政治義務的範圍；(3)我是怎樣負有政治義務的，或者更進一步說，我真正負有政治義務嗎？——政治權威的起源。作爲近代民族國家時期政治哲學主要代表的社會契約論，正是圍繞上述問題而展開的。

社會契約論的中心內容是說，政府是自由的具有道德的人自願同意的產物，邁克爾・奧克肖特（Michael Oakeshott）正確地把契約論稱作「意志的和人爲的學說」。[4] 契約論主張，只有經過同意，政治才具有合法性，義務和權威是每個人原始的自由和責任的產物，是作爲一種道德理由的個人意志的結果。同意即以意志爲依據的一致性，是一種道德力量，它在十七、十八世紀和十九世紀初的政治哲學中逐漸占據了一定的地位。[5]

霍布斯（Thomas Hobbes）的《利維坦》（Leviathan,1651；或譯爲《巨靈篇》）是依據聯想主義心理學，從個人自我滿足的角度來闡述原始契約的，因爲統治和服從是唯一能以政治方式把本是分開的原子式的個人，轉變爲一個整體並使之存在下去的力量，這樣霍布斯便消除了在社會契約和統治契約之間的二元論，並在實質上將政府等同於暴力。但霍布斯在歷史上的進步意義是不可否定的，他堅信，君主的一切權力本來都是來自一切被統治者的同意，人類意志構成了一切契約的精華，義務來源於諾言，來源於意志作爲其實質的契約，而不是來自對懲罰的恐懼，因爲懲罰只是對源出了諾言的意圖的強制。霍布斯認爲，存在著一個根本的自然權利和一個同樣根本的法則，這一權利便是自由權，每個人都有使用自己的權力，按照本人意願，保衛自己本性的自由，而那一法則則是每一個人只要有獲得和平的希望時，就應當力求和平；在不能得到和平時，他就可以尋求並利用戰爭的一切有利條件和助力。「權利」代表著任何人認爲正義的東西；「法則」則表明他們認識到任意的侵害不是同樣正義的。霍布斯所期望的一致同意的結構，正是建立在這樣的「權利」和「法則」基礎上的。

在霍布斯的理論實質上抽去了君權神授的基礎並爲自由主義奠立了它的最古老的關懷——和平之後，作爲自由民主實踐方面最有影響力的人物之一的洛克，著手從職能的角度來闡述社會契約，洛克的理論可以歸屬於早期自由政治思想的自然法傳統中。他把自然法解釋爲每個人生來就有權對天賦的不可取消的權利提出要求，在自願進入政治社會以前即自然狀態中，人們只服從自然法的指引，自然法規定並保護生命的、自由的、財產的權利。洛克一方面把自然法與神法等同，另一方面又認定自然法是理性的體現。但在自然法方面得到詳盡闡發的僅僅是有關財產的理論，正因如此，麥克弗森（C. B. Macpherson）把以霍布斯和洛克爲代表的政治理論稱爲「占有性的個人主義」(possessive individualism)。

儘管洛克對政治制度的實際發展提出了一個漸進主義的主張，但這個發展過程還是從社會契約的角度被作了抽象的描述。洛克認爲，契約和同意有三個發展階段：第一，人們必須一致同意一起成爲一個共同體，交出他們的自然權利，以便他們能共同行動，確認對方的權利；第二，這個共同體的成員必須通過多數表決建立立法機構和其他機關；第三，社會中的財產所有人或是他本人或通過他的代理人必須同意向他們徵收的各種稅款。以此爲基礎，洛克清除了霍布斯所設想的那種絕對專制主義，並建立了自己的規範政治學理論。人們握有對於生命和自由的自然權利，這些權利爲神所賦予，因而不能將它們移交給另一個專斷的權力。政府建立的目的僅僅是爲了保護財產和其他的權利，因而政府也不能不經同意就取得或再分配財產。[6]

與霍布斯和洛克本質上的利己主義不同，社會契約論的另一位重要的代表人物盧梭（Jean Jacques Rousseau）反對十七、十八世紀理論家們賴以改造社會的社會本能。他雖然一度同情霍布斯的政治現實主義，但在爲法律和政治制度尋找基礎時，盧梭的公意說（the theory of general will；或譯爲全意志理論）堅持認爲，鎮壓一群人和治理一個社會兩者之間存在著巨大的差距，因爲只有當一個人自覺地使自己服從於權力，而不是強使個人服從時，權力才具有道德價值。客觀的服從和對法律的自由承認是盧梭公意說的核心，但儘管盧梭的理論通過對平等向度的強調豐富了自由主義的內容，但由於對財產權在社會中的地位並無確定的想法，以及從公意的高度理想性出發否認界定權力範圍的意義，從而拒斥代議民主制，就使得盧梭的政治哲學沒有緊扣同時代的政治加以論述，並遭到後世某些自由主義者的詬病。

在歷史法學派把社會契約看成一種歷史的虛構並試圖反駁和否定盧梭時，在休姆（David Hume）對獨斷論尤其是契約論邏輯發動猛烈的批判時，傳統社會契約論的最後一個偉大的代表人物康德通盤考慮了人的理性能力，在實踐理性的堅實地基上，透過盧梭表達上的任意性而只在一種意義上把握盧梭思想的核心。「盧梭從根本上並不想使人重新退回到自然狀態中去，而只是站在他自己現在所處的階段上回顧過去。」[7]康德對盧梭的自然狀態學說實行了方法論上的轉變，他在其中看到的不是一種建構的原理而是一種範導的原理；《道德形上學》嚴格地區分了正義和事實的界限，廓清了契約論傳統中的迷霧，從法哲學的角度提高了契約論的論證水平。

在《實踐理性批判》中高揚道德理性的哥尼斯堡哲人在政治領域卻有著頗強的現實感，

他信奉在自由主義政治哲學中廣泛信奉的立法、行政、司法三權分立的原則，他洞察到行政權力簡單化是滋長專制主義的溫床，他批駁了那種認爲如果君主是好人，那麼人們應該滿足於君主政體是最優良的政治社會組織的無聊遁詞。相對於盧梭主張直接民主制，康德認爲唯有在代議制體系中的共和制的政權方式才有可能，而凡不是代議制的政權形式本身就是無形式，因爲同一個人不可能既是立法者又是自己意志的執行者。

總的來說，社會契約論的中心內容雖然在古代和封建思想中已經顯露端倪，但它的黃金時代是在1650-1800年期間，以霍布斯的《利維坦》肇端，而以康德《道德形上學》的「法權論」 告終。在社會契約論很有影響的批評家黑格爾逝世後的一百年裡，在對契約論的雙重夾擊的力量中，自由主義政治哲學的經典形式即功利主義是使契約論黯然失色的一種重要力量。

功利主義可以被視作是一種根據對人們的

幸福的影響來直接或間接地評價行爲、政策、決定和選擇的正當性的倫理、政治傳統的名稱。從理論層面看，功利主義可以被視作是在休姆對自然法的理性基礎進行釜底抽薪式的打擊和盧梭、柏克（Edmund Burke）對自然權利學說的毀滅性批判後重建作爲一種普遍主義的社會政治理念的自由主義的嘗試。其早期發展階段即以邊沁（Jermy Bentham）和詹姆斯·彌勒（James Mill）爲代表的形態又被稱爲「哲學激進主義」（philosophic radicalism）。

以早期功利主義爲理論基礎的政治上的自由主義是個大規模的運動，影響到西歐和美洲，但最典型的發展是在英國發生的。「要說立憲政治和個人自由的理想代表的只不過是資產階級的利益，這完全是誇大……可是要說在開始時期，這個階級是這些理想的主要發言人，倒也是事實。事實還在於，這個階級的社會地位使得它在世界觀和方法論上逐漸失去了它的革命性」，[8]這就是說，自由主義的理想是革命時代的後果，但是它的成就卻大部分是高水準的務實的才智應用於具體問題的產物。非常自然，它的哲學基礎逐漸變爲功利主義的，而不是革命性的了。

正因如此，邊沁反對作爲光榮革命的政治理論的社會契約論，他與休姆一樣以爲，社會契約理論假定了不是契約使得諾言得以遵守，而是遵守諾言使契約似乎有理；社會契約理論表述了對統治的一種態度——這一定在很久以前就作爲服從的習慣產生了，這種習慣是透過對其有用性的體驗而獲得的。在邊沁看來，法律，連同它的懲罰性的法令，都不會創造自由而只能是抑制它。如果要在這樣做的過程中證明法律是正當的，必須使包括一切的幸福因此而得到了增強。

邊沁對盧梭「公意說」的反對也源於這一點。對邊沁來說，「公意」是古代以犧牲個人自我理解的幸福而將「美德」強加於人這種企圖的現代形式。「強迫人去自由」在邊沁看來是一個不可能的矛盾，它源於社會契約理論未能給政治權威的實踐提供立足的基礎。[9]只有功利原則才能提供這種基礎，並使得創立自由和權威兩者之間永久共生的關係成爲可能。

「功利原則指的是：當我們對任何一種行爲予以贊成或不贊成的時候，我們是看該行爲是增進還是減少當事者的幸福……，我說任何一種行爲，因此不只是說個人的每一個行爲，而且是說政府的每一個措施。」[10]功利原則簡單、直接地表述了一連串就其細節來說是複雜和冗長的推理，它提供了一種正確調整每個大腦框架的迅速方法。「社會是一種虛構的團體，由被認作其成員的個人所組成。那麼，社會的利益又是什麼呢？——它就是組成社會之所有單個成員的利益之總和。」[11]

被稱作功利主義教子的J. S. 彌勒同邊沁一樣認爲幸福是人類行爲的一個重要目的。承認快樂和擺脫痛苦的自由是人生欲望的唯一目的。但彌勒試圖對快樂進行「質」的區別，以修正和補充邊沁的單純「量」的區別。因此，幸福不僅需要無痛苦的快樂生活，而且需要實現更爲高尚的快樂，即使這種快樂以痛苦和犧牲低等快樂爲代價（即快樂有質的高低差別）。

彌勒的道德觀念和倫理學說對他在《論自由》（*On Liberty*,1859）這一自由主義的經典文獻中表達的政治哲學具有重大的影響。首先，與他的人類進步論相關，一個人民在其中追求高尚快樂的社會比人民不這樣做的社會具有更高的文明程度，因此促進對高尚快樂的追求同時就是促進社會的進步；其次，培養高尚的情趣需要社會的自由，所以唯有社會的自由才能有彌勒所謂的文明，最後，政府問題部分地是透過對高尚快樂的追求而解決的。因爲這種追求所培養的品格特點正是爲實現最好的政治組織形式所必需的。政府的存在並不僅僅是爲了最大限度地實現公民偶然偏愛的那種快樂，政府有責任教育其公民追求高尚的快樂而非低級的快樂。好政府的檢驗標準之一是人民的美德和智慧被促進的程度，另一個標準是政府機構對大眾的良好品質加以利用的程度。[12]

正由於彌勒的上述觀點，使得他儘管被視

爲「建立了近代自由主義的人物」(I. Berlin語),「其著作對作爲一種整全性的意識形態的近代自由主義作了典範的表述」(J. Gray語),但他的思想仍然被當作溝通繼承革命時代哲學的個人主義和以對社會和公共利益的現實和價值的承認的反自由主義形式出現的思潮的全部學術橋樑。[13]

二、海耶克與新老自由主義

在羅爾斯的《正義論》發表之前公認爲二十世紀三大自由主義經典之一的《自由憲章》(*The Constitution of Liberty*, 1960)[另兩部爲波普的《開放社會及其敵人》(*The Open Society and Its Enemies*, 1945)和以賽亞・柏林的《自由四論》(*Four Essays on Liberty*, 1969)]完成於《論自由》出版一百周年的1959年。據說,當海耶克(F. A. Hayek)在阿爾卑斯山中構思、寫作他的鴻篇鉅制時,他腦中盤旋不去的正是彌勒那本「偉大的小書」。但時移勢易，海耶克的自由主義的歷史情境與彌勒時代相較有了巨大的變化。「只是在我們開始面臨一種完全不同於我們先前的制度的時候，我們這才發現，我們已失去了對自己的目標的清醒認識，我們也不再擁有任何強硬的原則，去對抗我們的對手所持有的那種教條式的意識形態。」[14]要理解海耶克這番話的內在意蘊，如果不從法國大革命說起，至少得從1848年這一近代歐洲歷史上的重要界標說起。

1848年之前的自由主義和1848年之後的自由主義有著深刻的差異。「在奧爾良派君主制時期（1830－1848），自由主義在歐洲曾被等同於貢斯當和基佐的立憲主義，並且被看作是介於反動與革命、專制君主制與人民民主制之間的一種解決辦法。」[15]而「在1848年，民主和自由主義突然間不再相互爲敵了，它們融爲一體了。」[16]英國的自由主義正是透過恢復邊沁的功利主義的基本原則成功地適應了1848年之後新的政治現實。擴大開來說，如薩托利

（Giovanni Sartori）所指出的，從十九世紀下半葉以來，自由理想與民主理想一直在相互融合。因此，儘管華勒斯坦認爲，1848年「失敗了的」革命向人顯示，政治變革既不像社會主義者期待的那樣快，也不是保守主義者希望的那樣慢，而是沿著自由主義的改良路線前進。但事實上，這種形態的自由主義已遠非自由放任主義的自由主義（經濟放任主義），而「在時間上步其（J. S. 彌勒—引者按）後塵的那一代人，並沒有在精神上也追隨他。諸如托馬斯・格林以及霍布豪斯這樣一些作者，是在黑格爾那裡而不是在洛克與彌勒那裡尋求鼓舞。」[17]而如果像《費邊論文集》的作者所理解的那樣，「民主理想的經濟方面實際上就是社會主義本身」，那麼，格林的自由主義與費邊社會主義就並沒有尖銳的原則分歧，「格林和費邊派也許分別反映英國政治意見氣候的重要變化，即對私人企業所謂的社會效益失去了信心，而更願意利用國家的立法和行政權力去糾正其弊端並使之變得仁慈博愛。」[18]

因此，如果說「無論思想上還是事實上，從1776年到1870年間都是一個放任主義時期」，那麼「上個世紀的後二十五年標誌著一個明顯的變化。從1870年到1914年是一個集體主義時期，一個……『慈善的資產階級時代』的時期。」[19]

像法國大革命在十八世紀一樣，1914-1918年的戰爭劃出了一條明顯的界線。第一次世界大戰的一個重大的政治後果就是社會主義政權的崛起。老牌的自由主義者不信任國家指導的經濟戰略和社會自由主義的新福利目標，但是，社會自由主義已經很好地建立起來，甚至許多保守的自由主義者也接受了福利國家的理想。英國與大陸一樣，社會自由主義（至少最初）沒有爲官方的自由主義政黨全部接受，但社會民主黨卻採納了它；在美國，政治上對新方法和新目標的接受是以二十世紀三十年代大蕭條以來，進步分子贏得「自由主義者」稱號，而老的自由主義者則被稱爲「保守主義者」這一事實爲標誌的。在這個意義上，社會自由主義可以被理解爲是對社會主義政黨興起的一種反應。由此產生了這樣一個問題，即新老自由主義者的區別是否即是真假自由主義者之間的區別。保守主義者宣揚社會自由主義者對社會主義退讓過多，社會自由主義者則抱怨保守主義墨守過時的、已經不再有助於達到自由主義目標的自由主義政策。這個辯論是二十世紀震撼西方政治學界的主要爭論之一。[20]海耶克的《自由憲章》可以被恰當地理解爲對這一爭論的有力回應。「幾十年來，自由主義幾乎僅僅局限於全力進行自我辯護，抵禦馬克思主義和社會干預哲學的攻擊，而又幾乎從未成功。在海耶克那裡，自由主義問題的重新提出是從重新研究整個西方政治傳統和經濟自由與政治自由之間的關係開始的。」[21]

要了解海耶克的自由主義的獨特立場，注意一下他爲《自由憲章》所寫的名爲「爲什麼我不是一個保守主義者」的「跋」將會是很有幫助的。

海耶克這篇跋文的目標就是闡明儘管他爲

之辯護的立場經常被人們稱作保守主義，但事實上它與傳統所謂保守主義的含義相距甚遠。在海耶克看來，自由的捍衛者和真正的保守主義者之所以會共同反對一個多世紀以來以進步運動的名義和方式侵蝕著個人自由的發展趨勢，只是因爲他們各自的理想都遭到了同等程度的威脅，但實際上他們的理想並不相同。

海耶克認爲，作爲一種反對急劇變革的正統態度的保守主義，無法對現在的行動方向提供一種替代性選擇。保守主義的命運必定是在一條並非它自己所選擇的道路上被拖著前行的。在社會主義興起之前，保守主義的對立面一直是自由主義，而在社會主義興起之後，「保守主義不僅向社會主義妥協，而且還常常掠其之美，這已經成了一種慣常之事。」[22]「事實上，自由主義者與多元的集體主義激進分子間的差異，要比保守主義者與這些集體主義激進分子者的差異大得多。保守主義者對於那些不利於其社會發展的偏激影響，一般只持有一種溫和且適中的反對態度，而今天的自由主義者卻必須以一種更加積極的態度反對爲多數保守主義者與社會主義者所共同擁有的一些基本觀念。」[23]

首先，保守主義的基本特徵之一就是恐懼變化，怯於相信新事物，而自由主義者的立場則基於勇氣和信心，基於一種充分的準備，即使不能預知變化將導向何方也要任它自行發展。正由於此，保守主義對自生自發的調適力量缺乏信任，傾向於運用政府的權力去阻止變革或者限制變革的速率。而這又是與保守主義的另外兩個特點即對權力機構的偏愛和對經濟力量的不理解相聯繫的。

其次，保守主義不具備那些能夠使他們與持有不同道德價值的人進行合作以建立起一種雙方都能遵循各自信念的政治秩序的原則。但對自由主義者來說，他個人賦予特定目標的重要性，並不足以構成強迫他人去追求這些目標的充分理由。「自由主義的最爲顯著的特徵就是它認爲，那些關於行爲善惡的道德觀念，並不能證明強制爲正當……正是自由主義所具有的這一特徵，使其既明顯區別於保守主義，也根本區別於社會主義。」[24]

最後，保守主義者的立場依賴於這樣一種信念，即在任何一個社會中，都存在著一些受到公認的優越者，他們所承襲的生活標準、價值觀念和社會地位應當受到保護，而且他們對公共事務也應當比其他人有更大的影響力。這使保守主義與社會主義一樣較少關注應當如何限制政府權力的問題、更爲關注由誰來行使這些權力的問題。而海耶克儘管充分認識到文化精英和知識精英在文明進化中所發揮的重要作用，但這些精英並不具有特權；相應地，海耶克認爲首惡乃是無限政府（unlimited government），「實質性的問題不是誰來統治，而是政府有權做什麼。」[25]

要言之，海耶克獨特的自由主義思想體系的核心概念是在他的晚年定論《致命的自負》（*The Fatal Conceit*, 1988）中稱作「人類合作的擴展秩序」（the extended order of human cooperation）的東西，亦即海耶克在其他著作中稱作「自發秩序」(spontaneous order) 的東西。在他看來，在合法範圍內擁有自由行動權利的個人，自主地安排自己的生活；無數這樣的個體融入社會生活之中，一種自發生成的秩序也就自然生成了。海耶克強調的是，社會秩序並非人爲設計的產物，而是在長期的人類社會生活中逐漸形成的。這就是說，社會、政治制度的建立，產生於一個不斷試錯的過程，受到許多「理性不及因素」(non-rational factors)——傳統、經驗、習慣這些由無數代人的各自的特殊知識與他們所身處的特定環境相調適而累積起來的因素的影響。因此，一方面，作爲「自發秩序」概念的基礎的海耶克道德哲學與古典自由主義從洛克到托克維爾(Alexisde Tcoque-ville)對人類思想上兩個核心概念——「自由」和「個人主義」——的解釋密切相關；另一方面，海耶克「擴展秩序」概念的認識論基礎又與從休姆到波普的「演進理性主義」(evoluti-onary rationa-lism) 的知識論密切相關。[26]

正由於海耶克自由主義的獨特歷史語境和

理論關懷，他必然要反對政治研究中的「建構理性主義」(constructivist rationalism)傳統和所謂思辨的或唯理主義的(rationalistic)的自由理論傳統。早在1945年發表的「個人主義：真與僞」的演講中，海耶克就把始於洛克，尤其是始於曼德維爾(Bernard Mandeville)、休姆，而在弗格森、斯密以及柏克的著作首次形成完整體系的個人主義稱作「真正的個人主義」，而把以法國和其他大陸國家的作家爲代表，其成員包括笛卡爾(René Descartes)、盧梭和重農主義者的個人主義稱作「僞個人主義」。第一種個人主義思想具有前後一致性，故稱爲「真正的個人主義」，第二種個人主義有演變成個人主義的敵人——社會主義或集體主義的傾向，故稱爲「僞個人主義」。前一種觀點的產生是由於敏銳地意識到個人的智力十分有限，這樣的意識促使人們對非個人的和無個性的特徵的社會過程採取謙卑的態度，這種過程有助於使個人創造的成就超出他們所知道的範圍；後一種觀點卻是過分相信個人理性力量的產物，隨之而來的結果，是對那些還沒有經過理性有意識設計或沒有爲理性充分理解的事物非常輕蔑。

在《自由憲章》中，海耶克進一步把兩種個人主義的區分提到兩種自由傳統的區分的高度，即所謂經驗的且非系統的自由理論傳統或英國傳統以及思辨的及唯理主義的自由理論傳統或法國傳統的區分，「前者立基於對自生自發發展的但卻未被完全理解的各種傳統和制度所做的解釋，而後者則旨在建構一種烏托邦。」[27]這兩種傳統間的根本差異在晚近是以自由民主制與「社會」民主制（social democracy）或極權民主制（totalitarian democracy）之間的衝突方式得以重新顯現的。

在《致命的自負》第四章第五節〈積極的和消極的自由〉中，海耶克進一步批評了許多積極自由的倡導者在反對異化的口號下否定一切程序的企圖，「從盧梭到德法思想界的哈伯瑪斯和傅柯（Michel Foucault）這些知識分子無不認爲，在任何一種『體制』中，只要秩序是未經個人的有意識同意而強加於人的，異化就會在這裡四處蔓延。」[28]

要注意的是，所謂英國傳統與法國傳統的區別並不完全以國界爲標準，法國人孟德斯鳩（Montesquiea）以及晚些時候的貢斯當（Benjamin Constant）、托克維爾等人，更接近於所謂英國傳統，霍布斯、高德溫（Godwin）等則更接近於所謂法國傳統。而海耶克的一個重大的學術貢獻即在於他的研究表明了存在一個長期以來一直被忽視的以弗格森、孟德斯鳩、休姆、亞當・斯密、柏克、麥迪遜（James Madison）和托克維爾等古典自由主義思想家的洞見爲基礎的自由主義社會理論傳統，而且他自己的研究正極大地推進和發展了這一傳統，但有意思的是，海耶克不但不願以保守主義而且似乎也不願以自由主義來命名自己的理論立場。這不但是由於自由主義的名稱早已被激進主義者和社會主義者據爲己有了，而且因爲「在我的立場與歐洲大陸的唯理的自由主義之間，甚至與英國的功利主義者的自由主義之間，都存在著不可逾越的鴻溝。」[29]正因如此，就輝格主義（Whiggism）始終是一套捍衛個人自由、反對專斷性權力的理想的名稱而言，海耶克把自己稱作一個輝格主義者，「由於自由主義只是在自由運動吸收了法國大革命所弘揚的赤裸裸的和好戰的唯理主義之後才取代了輝格主義，又由於我們的任務主要是把那種輝格傳統從侵入其中的唯理主義的、民族主義的和社會主義的種種影響中拯救出來，所以，從歷史上看，輝格主義才是我所信仰的那些觀念的確當名稱。我對思想觀念的進化了解得越多，就越能真切地認識到我簡直就是一個至死不改的老輝格黨人（Old Whig），而這種名稱的重點在這個『老』字上。」[30]

應當看到，儘管海耶克認爲「極端自由主義」（Liberatarianism）這一人造術語也毫無吸引人之處，但因爲極端自由主義關心的正是什麼是政府的合法職能這樣的問題，而這與海耶克式的自由主義所強調的重心有重合之處，因此，在一定意義上，仍然可以把海耶克的理論稱作極端自由主義的一種特殊類型。[31] 當然，雖然大多數極端自由主義的觀點都基於對個人權利的信奉，但海耶克並不是一位權利理論家。他的自由主義歸根結柢是建立在它的下述信念的基礎上的，即具有古典自由特性的社會秩序能夠最好地使公民個人滿足自己的偏好，並避免他人的強制。而在當代從個人權利角度對極端自由主義的最有力辯護是羅伯特・諾錫克（Robert Nozick）在其《無政府、國家和烏托邦》（*Anarchy, State and Utopia*, 1974）一書中作出的。

諾錫克的極端自由主義將最小國家（a minimal state）保護的權利視作是自然（天賦）的或基本的權利，這些權利本身就是好的，而不是由於偶然的理由才是好的，而且這種權利具有最高的重要性，不能因爲任何理由遭到損害。「與把權利納入一種目的狀態相對照，人們可以把權利作爲對要採取的行動的邊際約束（side constraints）來看待。」[32]對行爲的邊際約束反映了其根本的康德式原則：個人是目的而不僅僅是手段；他們若非自願，不能夠被犧牲或被使用來達到其他的目的。

諾錫克的政治哲學最有獨創性的方面就在於他認爲極端自由主義可以解決關於無政府主義的問題。他認爲，如果存在洛克式的自然狀態，從而使得無政府主義者的夢想得到滿足，最小國家仍將出現。具體地說，有兩個使最小國家得以出現的條件，一是人們和他們的代理人以理性自利的方式行動，二是他們尊重其他人的權利，而不要傷害他們，或者至少當這樣的傷害出現時，設法進行補償。

可以說，諾錫克的論證爲某種「最小的準國家」(minal-quasi-state) 提供了證明，諾錫克的論證表明儘管人們會因爲某種財產的持有是由過去的不正義所造成的而譴責它，但是如果人們滿足於由洛克式的自然狀態所表徵的機構類型，那麼他們也同樣樂意接受最小國家的安排。

這裡就觸及到了最小國家與羅爾斯的正義兩原則所支持的那種類型的國家的差別，簡要地說，最小國家與羅爾斯的理論所支持的國家（簡稱「再分配國家」）的最關鍵的差別在於前者是由歷史的正義概念而後者是由結構的或模式化的正義概念指導的。

歷史的正義原則的要害在於它認爲一種既定的財產分配是否正義，不是由這種分配的性質而是由財產產生的歷史決定的，當且僅當一種財產的持有在它原初的起點上是正義地獲取的，在它轉讓的每一環節又都是正義地轉讓的，它才是正義的。諾錫克正是以這一原則爲基礎，對羅爾斯的理論從基本預設和實際含義兩個層面進行了批判。

諾錫克和羅爾斯的衝突的理論實質在於，前者認爲洛克式的權利是基本的約束，而後者則否。一旦如諾錫克那樣認爲這些權利是基本的約束，那就必然會反對原初狀態中的各方決定支配財產分配的原則這樣的觀念。羅爾斯式的程序使得洛克式的權利只有當能通過由契約論的設計所表徵的檢驗後才能得到承認和尊重，用羅爾斯的術語來說，就是必須通過公平的檢驗。

從實踐含義的層面來看，諾錫克認為，羅爾斯的理論，或者任何用來調節社會的結構、模式化的正義觀，在實踐中必將導致要求國家持續不斷干預人們的所作所為這種難以忍受的後果。諾錫克認為，如果不去不斷干涉人們的生活，任何目的論原則或模式化的分配正義原則就都不能持久的實現。

應當指出，諾錫克在這方面的批評是建立在對羅爾斯理論的巧妙誤解之上的。羅爾斯的理論所支持的那種所謂再分配國家並不如諾錫克指控的那樣不斷地干涉人們的生活。在法治條件下眾所周知的由結構化模式支配的稅收政策和允許一種制度在一旦機會出現時進行干涉之間存在巨大的差異。

諾錫克的理論和羅爾斯的理論是當代社會政治哲學中新自由主義一派的兩種不同版本。自由和平等長期以來被視作自由主義傳統中兩種相互衝突的要素。自由和平等的矛盾大致可以劃分為兩個層次，[33] 即基本自由是否優先於經濟福利，經濟自由是否優先於經濟平等。由於第一個層次的衝突在當代西方社會的實際生活中已不甚明顯，諾錫克和羅爾斯在這一點上並無分歧，他們都贊成基本權利優先於物質利益，基本自由優先於經濟福利。他們的爭論主要集中在第二層次，即在社會經濟和利益分配的領域裡，是更強調自由還是平等，更強調個人權利還是普遍利益。羅爾斯的再分配國家試圖透過補不足、救匱乏來促進平等，從而代表了新自由主義中綜合自由和平等的方向，帶有強烈的折衷色彩，而諾錫克則是一個典型的極端自由主義者。因此，儘管諾錫克的理論洞察到羅爾斯正義論的弱點並作了機智的批評，但在總體上難以與後者全面抗衡。

值得注意的是，與羅爾斯和諾錫克一起被譽爲新自由主義三大代表人物之一的羅納德・德沃金（Ronard Dworkin）發展了與羅爾斯肯定基本自由優先性不同的由平等推導出自由的另一種綜合的道路。

儘管德沃金把他的理論稱作普遍的權利理

論（general theory of right），但他認爲，雖然有對各種自由的具體權利，並無一種對自由的抽象權利（no right to liberty）。那麼，什麼是具體的自由權利的基礎呢？這一基礎就是平等。德沃金並不認爲自由和平等是相衝突的政治理想。在他看來，平等是比自由更抽象、更一般、更具體的概念，可以從平等推導出自由，卻不能從自由推導出平等。而德沃金所謂自由主義式的平等是一種權利的平等，是個人要求政府平等關心和尊重的權利，「被視爲平等來對待的權利」（right to treatment as an equal）而不是「平等對待的權利」（right to equal treatment）才是自由主義式的平等的要害，也是德沃金所謂爲各種具體自由權奠定基礎的「普遍的權利理論」的基石。

「我的論點中的核心概念不是自由而是平等。我設想我們所有人都同意政治道德的如下假定，政府必須關心它統治下的人民，就是說，把他們當作有能力經受痛苦和挫折的人；政府必須尊重它統治下的人民，就是說，把他們當作根據他們應當如何生活的理性概念有能力組織起來並採取行動的人。政府必須不僅僅關心和尊重人民，而且必須平等地關心和尊重人民。」[34]關心是對人的弱點而言的，尊重則因爲人有理性。關鍵的限制則是平等。如果說平等關心是指社會經濟利益的分配，那麼平等尊重則主要指政治和思想自由等基本權利。存在兩種抽象平等權利，一是在物品分配中被平等對待的權利，二是在政策決定中作爲一個平等者參與的權利，後一種權利才是自由主義式的平等觀的基本權利，個人對明確、具體的自由權利只有在後一種權利要求這些自由時才被承認，這樣，這些自由權利不但不與平等權利衝突，反而來自平等權利了。正因如此，就德沃金不是把平等作爲人們的一種願望、道德要求、價值目標，而是作爲一種不變的權利、一種最基本的權利提出來而言，人們把他的普遍權利理論在廣義上與羅爾斯和諾錫克的理論一起刻劃成權利優先論（the primacy-of-right theory）或「權利基礎論」（rights-based theory）。

但是，儘管德沃金與羅爾斯和諾錫克同被認為是主張權利優先論的新自由主義代表人物，尤其在這種形式的新自由主義把權利作為與功利相應的概念使用的意義上，他們三人都採取了一致的立場，但在對自由和平等的關係的具體理解上，新自由主義內部的分歧和衝突有時並不亞於它與社群主義之間的論戰和對立。前面已經述及「諾錫克一羅爾斯之爭」，這裡再從德沃金的理論立場的角度探討一下他們之間的關係。

德沃金認為，他和羅爾斯和諾錫克之間的不一致能夠透過注意「自由和平等有時是矛盾的，因此選擇或折衷是必要的」這個熟悉的觀念表示出來。很顯然，諾錫克採取了一種極端的立場，一邊倒了：自由就是一切，而平等什麼也不是，除非作為也許是偶然的透過自由交換的產物，但這種可能性微乎其微。而當羅爾斯試圖表達正義兩原則時，他企圖在自由和平等之間達成妥協。在德沃金看來，羅爾斯所謂「正義即公平」的基礎實際即是一種所有人作爲道德人——作爲能作出人生的合理計劃和擁有正義感的人——而擁有的平等權利，而羅爾斯所謂「基本自由」正是這種能夠由平等主義理由來解釋的權利。但羅爾斯既贊成某些基本自由，又主張爲處境最差的群體謀福利，其理論似乎在概念上分離了兩者，而試圖透過原初狀態來重新聯結這兩者的嘗試也是並不成功的。德沃金則試圖表明，「經濟平等和傳統的個人權利都起源於獨立意義上的平等這一根本概念，平等是自由主義的原動力，捍衛自由主義也就是捍衛平等。」[35]

正如德沃金在著名的〈自由主義〉一文中指出的，過去對於自由主義的了解，大部分是透過將它與保守主義和社會主義對於自由與平等所採取的不同立場作對比之後達到的。相對於保守主義，自由主義願意接受更多的平等，相對於社會主義，自由主義似乎願意給予更多的個人自由，這種對自由主義的看法，是把保守主義、自由主義和社會主義放在一個連續體內。[36]而在德沃金看來，這種看法不能把握到自由主義的要旨，因爲這三種理論並不構成一個連續體。自由主義的要旨正是德沃金所謂自由主義式的平等概念，其內涵就是前面闡述過的政府對於人民的平等的關心和尊重，而尤其是政府應該給予它所統治的人以尊重這一點，集中體現了自由主義理論的核心。因爲這種平等和尊重所蘊含的是，政府對於什麼樣的人生才是理想的人生應該保持中立性的態度，這正是德沃金所刻劃的程序性自由主義的要害。一個自由社會的特點即在於，它作爲一個社會在生活目標問題上不採取任何特定的觀點。相反，社會結合的紐帶是平等地尊重所有人的強有力的程序性承諾。簡言之，一個自由社會不能公開奉行某種好生活的觀念，它是在什麼是好生活這一問題上保持中立的社會，用倫理學術語來說，就是使「正當」獨立於「好」的社會。也正是在這個意義上，在「正義的內容獨立於任何有關人類美德和優點的理論」的意義上，德沃金才認爲，他與羅爾斯和諾錫克是「在同一條路上行進著」的，「我們都在以不同的方法嘗試去界定和捍衛如此表達的自由主義的結果」。[37]

三、政治自由主義和萬民法

儘管德沃金基於他對自由主義的精神實質的理解，認爲他與羅爾斯和諾錫克是「行進在同一條路上」的，但他還是認爲，由於諾錫克揭示出自由主義的結果是大部分自由主義者將會憎恨的結果（儘管諾錫克自己並不憎恨這種結果），因此諾錫克的書是對自由主義的一個巨大挑戰；而對於羅爾斯來說，由於其思想經歷了從《正義論》到《政治自由主義》的發展，情況似乎要更爲復雜一些。

1989年，在一次名爲「羅爾斯正義論的最新發展」的專題討論會上，有論者提出，羅爾斯的觀點在《正義論》之後有三點主要變化，一是訴諸康德式的「人」（person）的概念；二是承認其正義原則只適用於康德式個人的理想社會，亦即現代民主社會，而暫不考慮跨文化的應用問題；三是越來越意識到並重視社會多元化的事實，強調正義只是政治的共識。[38]

可以指出的是，第一和第二種變化適用於羅爾斯後《正義論》時期思想發展的第一階段，即關於基本自由及其優先性的「坦納講演」(Tanner Lectures)發表前的階段，這一階段被人們稱爲「一國的康德主義」階段，因爲羅爾斯在這一階段的一個主要工作就是透過對他的一系列批評的回應把他的正義觀闡釋成「康德式構造主義」。具體來說，正義觀的內容不是由對人類行爲的某種解釋決定的，而是由「人」的概念決定的。要在人們如何理解他們的人格，以及在人被這樣理解之後如何解釋社會合作的一般特徵的基礎上選定正義觀，從而這樣的正義觀對我們的自我理解是合適的。在名爲〈道德理論中的康德式構造主義〉(Kantian Constructivism in Moral Theory, 1980)的「杜威講演」(Dewey Lectures)中，羅爾斯直言不諱地承認他所致力於發現的並不是普遍的正義原則，而是適合於像美國這樣的現代自由民主社會的原則。對康德式正義觀的系統說明正是用來調和美國政治文化傳統中洛克遺產和盧梭遺產即自由的要求和平等的要求之間的衝突的。在這一階段，羅爾斯還試圖透過系統地發展關於原初狀態的理論，闡發「合理的」（reasonable）對「理性的」（rational）的構造方式以說明實踐理性的統一性特徵，從而克服康德學說的抽象性。

前述羅爾斯理論的第三個變化主要是由從八〇年代中期開始發表的〈作爲公平的正義：政治的而非形而上學的〉（Justice as Fairness: Political not Metaphysical, 1985）、〈重疊一致的理念〉（The ldea of Overlapping Consenus, 1987）及〈政治的領域與重疊一致〉（The Domains of the Political and Overlapping Consenus, 1989）等重要論文代表的，而在 1993 年哥倫比亞大學出版社出版的羅爾斯根據1980年在該校發表的演講修改整理成的《政治自由主義》一書中達到高潮。

我們還記得，由於羅爾斯持一種較爲溫和的義務論（Deontological），因此，《正義論》雖然堅持正義的優先性，但並不排斥對人類各種目的的考慮，甚至還試圖聯繫人類的思想感情和目標志向，以解決「正義即公平」的穩定性和正義與「好」的一致性問題，解釋社會的各種價值和正義的「好」的問題，這就是《正義論》第三篇即「目的篇」所提供的道德哲學的任務。實際上，正像羅爾斯自己後來所承認的，《正義論》所設計的秩序良好的社會是一個穩定的，在道德信念上相當同質的，對什麼是「好的生活」有一廣泛共識的社會。

但是，《政治自由主義》放棄了對作爲一種整全性理論的「正義即公平」的辯護，而把正義觀念嚴格限定在政治領域，這是由於羅爾斯認識到，在多元主義成爲事實的條件下，沒有一種整全性的或綜合性的學說能夠成爲政治的正義觀的可共同接受的基礎，毋寧說，政治的正義觀是各種合理的整全性學說或綜合性理論的「重疊一致」的聚射點。政治自由主義要回答的問題是，一個被合理的宗教、哲學、道德學說深刻分裂的自由、平等的公民組成的公正而穩定的社會是如何可能的？也就是說，羅爾斯試圖將具有自由主義特徵的政治的正義觀與任何整全性的價值理論脫鉤。在這裡，羅爾斯所強調的是，自由主義只能是狹義的「政治的」自由主義，不是道德哲學，而是政治哲學。在《政治自由主義》的導論中，羅爾斯如是總結他的思想變化，「在《正義論》中，一種普遍範圍的道德正義學說與一種嚴格的政治正義觀之間沒有區別開來……現在，《正義論》的模糊性得以消除，而正義即公平從一開始就被描述成一個政治的正義觀。」[39]

當然，摒棄正義即公平的康德式解釋並轉而將政治自由主義刻劃成一種「免除了立場」的觀點並不意味著羅爾斯放棄了自由主義，可以說，羅爾斯將自由主義回復到了它的最古老的關懷即對和平（穩定）的關懷之上。但同樣十分顯然的是，正如哈伯瑪斯指出的，羅爾斯的轉變來自於對社會的，尤其是意識形態的多元事實感到不安的刺激。正由於羅爾斯深刻地體認到合理的多元論的真正深刻性，他的政治自由主義也就以一種特殊的方式凸顯了自由主義政治哲學目前面臨的挑戰的嚴重性。

值得注意的是，羅爾斯在 1993 年發表的名爲〈萬民法〉（The Law of Peoples）的長文，一反以前暫不考慮跨文化應用的問題，嘗試將政治的正義觀運用到國際關係問題上，試圖從自由主義正義觀中發展出一種處理民族間關係的根本法，從而以一種濃縮的形式包含了對「正義即公平」和「政治的正義觀」的限制和修訂。

羅爾斯所謂萬民法，是指適用於國際法及其實踐的原則和規範的一種權利和正義的政治觀念，這一概念是從傳統的「國際法」發展而來的。在全球關係的新變化和文化多元主義甚囂塵上之際，重提此一問題的關鍵顯然在於能否提出一套既超越文化差異又保存文化差異的普遍的平等原則。這是因爲建構萬民法的目標即是將正義兩原則即平等自由的原則和機會公平平等的原則應用到國際領域這一與先前不同的主體，即不再是民族國家內部的個人主體，而是當代世界的社會——國家共同體。萬民法類似於「正義即公平」，但又比它更爲寬廣和富於彈性，比如，「正義即公平」在內部社會所要求的那種平等主義的色彩就要減弱，不僅各個自由平等的社會，那些滿足了某些如和平、生存、基本的人權和法治條件的非自由平等社會、教權等級制社會都可以一起達成一項共識，形成一種民族國家之間的「重疊一致」，平等交往，和平共存。

這就是說，萬民法的根本目的在於用政治自由主義的寬容原則處理自由社會與非自由社會的關係，「萬民法，如我所勾勒的，不過是關於秩序良好的民族政治社會的相同觀念的延伸。」[40]

但是，正如有論者指出的，[41]首先，爲什麼萬民法的產生需要以按照政治的正義觀建構起來的社會爲出發點？羅爾斯自己也意識到從現有的各個分立的社會來推演會遭到的質疑，「包容一切的或全球性的原始狀態，在其自由理念的運用中就困難重重，因爲它要考慮所有的個人，而不考慮其社會與文化，主要把個人看作是自由的、平等的、合理的、富有理智的個體，以求符合自由的觀念。這也就使得萬民法的基礎太狹隘了。」[42]事實上，羅爾斯自己在《政治的自由主義》中反復申論「政治的正義觀」與西方思想傳統的歷史聯繫，在回答哈伯瑪斯的批評時，他亦承認「正義即公平」屬於自由主義傳統和民主社會的政治文化，這就使得萬民法要面對與這種傳統和文化所要面對的相同的質疑。

其次，怎樣才能保障不同的民族之間構築出公平的條件，並透過代表設置規定出萬民法？這種設置所許諾的「正義即公平」和平等原則，能否保障人們的文化差異得到「承認」？當羅爾斯試圖把「正義即公平」刻劃成「政治的正義觀」時，「原初狀態」和「無知之幕」(the veil of ignorance)的假設前提得到了保留，並繼續發揮著論證的基礎性建制的作用，但「原初狀態」和「無知之幕」不能成爲政治自由主義的合理性前提，羅爾斯要麼放棄「無知之幕」的假設前提，要麼放棄政治自由主義。[43]政治自由主義的這些內在矛盾不僅同樣包含在「萬民法」之中，而且由於「正義即公平」的應用範圍的擴大而暴露出自身的危機。

要洞悉包括羅爾斯爲代表的新自由主義在內的自由主義政治哲學的深刻危機和理論困境，我們需要從正面來探討愈演愈烈的對自由主義的批判，社群主義無疑代表了這種批判中的一種十分值得引起重視的理論動向。

註　釋

[1]以上所論參見J. Gray, "What is Dead and What is Living in Liberalism?" in his *Postliberalism: Studies in Political Thought*, London and New York: Routledge, 1993, pp.284–6.

[2]克羅齊，《歷史學的理論和實際》，頁2，商務印書館，1986。

[3]哈（海）耶克（F. A. Hayek）《自由秩序原理》，生活·讀書·新知三聯書店，1997，上冊，頁1–2；下冊，頁189，194–195；上冊，頁61–62；下冊，頁201，203–204。

[4]M. Oakeshott, "Introduction to Leviathan", in *Hobbes on Civil Association*, Berkeley: Univeristy of California Press, 1975.

[5]參見《布萊克維爾政治學百科全書》，「社會契約論」條目，中國政法大學出版社，1993。

[6]參見同上書「洛克」條目。

[7]康德，《實用人類學》，頁239，重慶出版社，1987。

[8]薩拜因（G. H. Sabine），《政治學說史》下冊，頁743，746，809，商務印書館，1986。

[9]參見列奧·施特勞斯（Leo Strauss）、約瑟夫·克羅波西（Joseph Cropsey），《政治哲學史》下冊，

頁861，938-941，河北人民出版社，1993。

[10]J. Bentham, *An Introduction to the Principles of Morals and Legislation*, 1982, London and New York, p.20.轉引自前揭Leo Strauss書。

[11]同註10。

[12]同註9。

[13]同註8。

[14]同註3。

[15]馬斯泰羅內（Salvo Mastellone），《歐洲政治思想史》，頁348，社會科學文獻出版社，1998。

[16]薩托利，《民主新論》，頁377，380，東方出版社，1993。

[17]同註16。

[18]同註8。

[19]金嶽霖，《T. H. 格林的政治學説》，載《金嶽霖學術論文選》，頁126，中國社會科學出版社，1990。金氏早年在哥倫比亞大學攻讀政治學，此文係其博士論文，1990年始譯成中文發表。

[20]參見《布萊克維爾政治學百科全書》，「自由主義」條目。

[21]馬斯泰羅內（主編），《當代歐洲政治思想（1945-1989）》，頁55，社會科學文獻出版社，1996。

[22]同註3。

[23]同註3。

[24]同註3。

[25]同註3。

[26]中文世界迄今對海耶克思想的一個最深入細緻而又融會貫通的探討是由汪丁丁博士提供的，參見〈哈（海）耶克「擴展秩序」思想初論〉（上、中、下篇），分載《市場社會與公共秩序》，《經濟民主與經濟自由》，《自由與社群》，生活・讀書・新知三聯書店，1996，1997，1998。本節側重從總體上把握海耶克自由主義的歷史語境和理論關切。

[27]同註3。

[28]哈（海）耶克，《致命的自負》，頁88，東方出版社，1991。

[29]同註3。

[30]同註3。

[31]有人認為，海耶克並不屬於極端自由主義者，但曾對極端自由主義有廣泛的影響，見《布萊克維爾政治學百科全書》，「自由意志論」條目；C. Kukathas和P. Pettit則把極端自由主義區分為原則的（如Nozick）和實用的（如Hayek）兩種，見所著*Rawls: A Theory of Justice and Its Critics*, Polity Poess: 1990, pp.74–6。

[32]R. Nozick, *Anarchy, State and Utopia*, Basic Books Inc.: 1974, p.29.

[33]參見《無政府、國家和烏托邦》，〈中譯序：諾齊克與羅爾斯之爭〉，中國社會科學出版社，

1991。

[34]R. Dworkin, *Taking Rights Seriously*, Harvard University Press, 1977, pp.273–3. 中國大百科全書出版社，1998年中譯本，頁357。

[35]《哲學與政治——與羅納德・德沃金對話》，載布萊恩・麥基（Bryan Magge）編，《思想家》，頁393–395，生活・讀書・新知三聯書店，1987。

[36] 參見石元康，〈自由主義式的平等：德我肯論權利〉，載氏著《當代自由主義理論》，聯經出版事業公司，1995。

[37] 同註35。

[38] 參見R. Arneson, "Introduction"（to A Symposium on Rawlsian Theory of Justice: Recent Developments）, *Ethics*, 99, pp.695–710.

[39]J. Rawls, *Political Liberalism*, New York: Columbia University Press, 1993, p.xv, p.xvii.

[40] 羅爾斯，《萬民法》，譯文載《文化與公共性》，頁396，411，生活・讀書・新知三聯書店，1998。

[41] 參見汪暉為所編《文化與公共性》撰寫的導論。

[42] 同註41。

[43] 參見Bruce Ackerman, "Political Liberalism", in *The Journal of Philosophy*, July, 1994; Jürgen Habermas, "Reconciliation through the Public Use of Reason: Remarks on John Rawls's Political Liberalism", in *The Journal of Philosophy*, Vol.xcll, No.3, 1995.

第二章
社群主義：
一種後自由主義話語

從《正義論》發表到本世紀八〇年代初，西方政治哲學堪稱新自由主義獨領風騷的時代，新自由主義家族內部之爭在這十餘年的英美政治哲學中占有核心地位。但自八〇年代中期以來，作爲一種後自由主義話語（discourse）而崛起的社群主義成爲當代倫理學和政治哲學中最爲引人注目的一道風景。阿米・古特曼（Amy Gutmann）在1985年發表的一篇頗有影響的文章中寫道：「我們正目睹著一場對自由主義政治理論的社群主義批判的復興。與六〇年代的批判一樣，八〇年代的這場批判，非難自由主義錯誤地不可救藥地陷入了個人主義。但是，這場新的批判浪潮不是上一次批判的簡單重複。如果說較早的批判是由馬克思所激發的話，那麼晚近的這場批判則受到亞里士多德和黑格爾的啓發。」[1]

的確，在西方政治思想史上，從亞里士多德（Aristotle）、盧梭到黑格爾，關於社群與社群關係的思考不絕如縷，並且其重要性一直得到歷史政治理論家的重視。近代以來，強調社群的觀點常常成爲批判個人主義、自由主義的理論資源。從這個意義上，當代重新出現的社群主義對自由主義的批判並非新生事物。但仍然無可否認的是，當代的社群主義在對新自由主義的批判中達到的深度和產生的影響已經使得社群主義成爲唯一足以與羅爾斯爲代表的新自由主義理論相頡頏的地位顯赫的政治哲學流派。

社群主義對新自由主義的批判是全方位的，這種批判可以粗略地分爲方法論、規範理論及現實應用這樣三個層面，其廣泛性幾乎涉及自由主義政治哲學的所有論題，如個人主義、平等主義、自我觀念、權利學說、自由理論、分配正義等等。這裡從自我與社群、正義與德性及對市民社會的理解這樣三個方面闡述社群主義的理論立場。

一、自我與社群

由於政治哲學和道德哲學的理論結構在很大程度上就是圍繞著個人或自我與社會或社群的關係建立起來的，因此對自我與社群的理解就構成社群主義和新自由主義之間分歧的一個焦點。

社群主義者一致認爲「權利優先論」或「權利基礎論」是新自由主義的「阿基里斯之踵」。查爾斯・泰勒（Charles Tayolar）率先用「原子主義」(atomism）來刻劃權利自由主義的根本特徵。所謂原子主義，廣義上是指主張把個人放在首位，認爲個人及其權利優先於社會，而社會不過是爲了滿足在先的目的而形成的社會契約論的理論主張。但泰勒對原子主義的批判的矛頭主要是對準如諾錫克那樣把個人及其權利視作優先於社會，並對社會作純工具化理解的極端個人主義者的。在泰勒看來，抽象地把原子主義和社會性論題對立起來，就大大地限制了人們對適當的人類生活形式的權利，而且影響到對自我與個人的認同的理解，因爲自由的個人、權利的載體只有通過他們與發展了的自由文明的關係才能設想自我、人格的認同，而一旦認識到這一 點，就必然要求我們以與原子主義不同的方式賦予自由的個人去恢復、支持和完善社會的職責。

社群主義的另一位重要的代表人物麥金太爾（Alasdair MacIntyre）則從揭示啓蒙主義對道德合理性論證的失敗的角度，闡發了對於自我的觀點。麥金太爾認爲，自我的認同是依賴於社群的，沒有在相互聯結的社會關係中的某種獨特的位置，他就什麼也不是，或至少是一個陌生人或被放逐者。前現代的傳統社會中的人們是透過不同社群中的成員身分來辨認自己和他人的，而現代的自我，在爭取自身領域主權的同時，喪失了由社會身分和把人生視作是被安排好的朝向既定目標的觀點所提供的那些傳統的規定。在麥金太爾看來，擺脫了身分、等級和出身等封建傳統對個人的制約的現代自我的出現並不是什麼歷史的進步。人們在慶賀自己獲得了掙脫封建等級制約的歷史性勝利的同時，並不知道自己已經喪失了什麼，這種喪失是，人類傳統德性的根基喪失了。

照麥金太爾的敘事模式的自我觀，「要成功地識別和理解其他人正在做什麼，我們總是要把一個特殊事件置於一些敘事的歷史背景條件中，這歷史既有個人所涉及的歷史，也有個人在其中活動和所經歷的環境的歷史。」[2]而人在他的虛構中，也在他的行爲和實踐中，本質上都是一個敘事的動物，正因爲我們過著能敘事的生活，也因爲我們依據我們所過的敘事生活理解我們自己的生活，敘事形式才是理解其他人的行爲的適當形式。但重要的是要注意到，在我能敘事之前，敘事就已經存在了。

而個人的認同恰恰是以角色之整體性為前提的，敘事的完整則要求角色的完整性，沒有這種整體就沒有敘事的主體。在這裡， 敘事概念和可闡明性概念以個人認同為前提條件，正如認同概念以敘事概念、可理解性概念為前提條件，也正如這三個概念中的每一個的運用以其他兩個概念的運用為前提條件那樣。[3] 而像羅爾斯為代表的新自由主義者那樣把個人、自我與社群分離開來，即把個人、自我從其生活和思考的文化和社會環境中抽離出來的觀念必然是一種虛幻的觀念。

堪稱社群主義少壯派的桑德爾則在其《自由主義與正義的局限》(*Liberalism and the Limits of Justice*, 1982) 一書中深入地借鑑黑格爾主義的理論資源、機智地運用後現象學中產生的互主體的和後個人主義的觀念，對新自由主義的個體自主和權利優先的觀點進行了系統、深刻、釜底抽薪式的批判，桑德爾在其精深、優雅的批判中尤其把矛頭對準羅爾斯義務自由主義的自我觀和社群觀。

我們知道，羅爾斯爲了確證正義兩原則中的差別原則，不僅認爲由歷史和社會的運氣所帶來的利益和財富屬於重新分配之列，而且由天賦所造成的利益也在重新分配之列，這就是羅爾斯所謂「天賦並非私有財產而是公共財產」的著名論點。桑德爾尖銳地指出，由於羅爾斯堅持認爲個人對由運用他們的天賦才能而帶來的利益和財產並無提出特殊要求的道德權利，這樣，羅爾斯就不僅把個人同他的社會和歷史屬性脫離開來，而且與其自然屬性亦剝離開來了，桑德爾把這叫做「徹底地脫離肉體的主體」(a radically disembodied subject)，一種「徹底地脫離肉體的主體」和一種「徹底地情境化的主體」(a radically situated subject)正相反對，而這樣的主體是不具備羅爾斯賦予他的理性選擇的能力的。

桑德爾認爲，羅爾斯陷入這種理論困境的原因在於他一方面把自我理解爲占有性的(possessive)，「自我的占有性的方面意味著我絕不能完全是由我的屬性所組成的。」[4]這就必然要反對徹底情境化的自我；另一方面，「正當」優先於「好」的義務論原則又要求將自我理解成先行個別化的主體（an antecedently individuated subject），自我的界限是先於經驗地確定下來的，這就使羅爾斯重新陷入他一開始試圖避免的康德的先驗的或非肉體化的主體概念。

根據桑德爾，羅爾斯的義務論自由主義要否認諾錫克對差別原則把「我」作爲他人的工具的指控，不能靠簡單地聲稱是我的資產（包括天賦）而不是人格被用作他人的工具，而應當追問那些共享「我的」資產的「他人」能否被恰當地稱作他人。因此，如果說羅爾斯的方式是強調自我與其屬性的差別，那麼桑德爾則強調對自我和他人的區分加以限制，這種限制使得在一定的道德環境中，對自我的相關描述要比單個的經驗上個別化的人的概念包含更多。也就是說，這種方式使得共同資產的概念與占有的共同主體的概念的可能性聯結在一起，「占有性的主體」應是「我們」（we）而不是「我」(I)，桑德爾把他爲之辯護的立場稱作「構成性的自我觀」(a constitutive conception of the self)。

當然，正如桑德爾認識到的，說羅爾斯堅持一種「占有性的自我觀」，並不意味著羅爾斯的理論是狹隘的個人主義學說。事實上，與經典的占有性個人主義對社群或社會的完全消極的理解不同，羅爾斯從正面探討了社群或社會聯合的積極意義。羅爾斯關於社會聯合的觀念一方面仍然忠於自由主義的基本理念，社會公共制度的更大的計畫並不確定一種支配性的目的，但公正制度爲不同的社群內部生活留下了餘地並鼓勵這種生活；另一方面，羅爾斯又把他們理想的社會聯合與私有社會、市民社會那種對社會交往的純粹工具主義的、「淺薄的理解」區別開來，而主張正義的社會本身就是社群的一種價值，社群的價值會在一個由正義兩原則統治的社會中存在並得到培育。

但在桑德爾看來，羅爾斯提供的對社會的兩種解釋都是個人主義的，只不過兩者導致個人主義的方式不同。工具主義的解釋之所以是個人主義的就在於合作的主體是完全由自利的動機支配的，而社群的善只在於個人在追求利己的目標時從社會合作中獲得的好處；羅爾斯的解釋之所以是個人主義的，其原因在於它假定了合作的主體的先行個別化，他的實際動機既可以包括利己的亦可以包括仁愛的目標，因此，羅爾斯意義上的社群的善不是在於社會合作的直接好處，還在於動機的質量以及伴隨著社會合作並在這一過程中得到增進的情感聯繫。與工具主義的社群觀相對，桑德爾把羅爾斯的社群觀稱作情感主義解釋。

桑德爾尖銳地指出，無論工具主義的還是情感主義的解釋，都無法產生羅爾斯希望的那種關於社群的強理論（the strong theory of community），這是因爲，兩種解釋都要求一種既不把某些人當作別人目標的手段，又不陷入一種徹底的情境化的主體觀作爲補充，但無論工具主義的還是情感主義的解釋都無法提供這樣一種主體觀。

與羅爾斯相對，桑德爾建議想像一種比情感主義解釋能更徹底地穿透自我的社群觀。就這種社群的意義能在其參與者的目標和價值中表明和展開而言，它是與羅爾斯的觀點類似的；但就這種社群不但描述了情感而且描述了部分地構成行爲者的認同的自我理解的模式而言，它又是與羅爾斯的觀點不同的。在這種社群的強理論看來，社群描述的不是他們作爲同類的公民擁有什麼，而是他們是什麼；不是他們選擇的關係，而是他們發現的忠誠和情感；不是他們的認同的屬性，而是他們認同的構成。桑德爾把他爲之辯護的社群觀稱作是構成主義的（a constitutive conception of the community）。

要言之，桑德爾的觀點是，社會紐帶不僅是一個情感問題，更是一種構成性的力量。個人乃是社會的個人，脫離了社會，個人就失去了自己的本質。社會因素絕不是被人選擇、追求的附加成分，也不只是人們的欲望和情感的對像，它們還是構成人格同一性的內容，只有這種構成性的社群觀才能爲合理的政治哲學和道德哲學奠定堅實的基礎。

如果說，無論在批判羅爾斯的觀點還是論證自己的主張方面，桑德爾的著作都非常富於思辨性，那麼，如華爾澤（Michael Walzer）、丹尼爾・貝爾（Daniel Bell）、戴維・米勒（David Miller）對社群及社群關係的探索則要具體和現實得多。

華爾澤認爲，在對複合平等（complex equality）的追求中，政治社群（political community）具有特別重要的作用，因爲在政治社群中，語言、歷史和文化比在其他任何地方更緊密地會合在一起產生了集體的意識，因此政治社群是我們達到共同的意義世界的最接近的路徑。

華爾澤特別強調社群參與者的成員資格的重要性，在他看來，社群的參與者自我約定相互分工和交換，並共享利益，而成員資格是所有人類社群中參與者相互分配的最基本的利益。無論何處，沒有成員資格的人就是一些無所依靠的人，我們作爲成員資格所做的一切構成了我們的其他分配選擇：它決定我們選擇誰，需要誰的服從、向誰收稅、給誰分配利益與服務。只有作爲成員的男女才有希望擁有所有的社會利益──安全和福利、金錢和商品、公職和教育、榮譽和職位、承認和政治權力，而正是所有這些不同的利益和價值才使社群生活成爲可能。

年輕的社群主義者丹尼爾・貝爾在其《社群主義及其批評者》（*Communitarianism and Its Critics*, 1993）一書中把構成性的社群區分爲地域性的社群、記憶性的社群和心理性的社群。地域性的社群即指通常所說的社區，這種意義上的社群更接近於滕尼斯（Ferdinand Tönnies）所謂「一個人生於斯長於斯的場所」，前工業社會的鄉村社群是這種社群的一個典型例證。記憶性的社群的主要特徵是擁有共同的悠久歷史，接近於民族主義所謂對民族和歷史的強烈認同。心理性的社群指的是由於參加共同的活動而形成共同的心理體驗，並追求共同目標的一群人，維繫這種社群的紐帶是成員的相互信任、合作和奉獻精神。很顯然，心理性社群的規模比一般社群要小，但其歸屬感更強，如某些認同感強烈的政黨和教會即屬此類。

近年來風頭甚健的倡導市場社會主義的社群主義者戴維・米勒，則在社群、市場和國家的三個向度的架構內來闡發他所理想的社群的特徵。在他看來，社群是這樣一種社會團體，在其中，每個人都把整個團體的起源和尊嚴等同於自己的起源和尊嚴，我們對其他人的感情就是團結、友情、親近、互助和奉獻；社群團結的體制體現的就是按需要分配的公共所有制；社群不僅在物質利益方面是平等的，在社會地位和權力分配方面也是平等的，這種平等還體現爲平等的尊重；存在於社會各個層次的社群，如家庭鄰里、社會、國家，都是由其成員的團結合作精神和互助友情精神聯結起來的。

由此可見，儘管桑德爾在批判羅爾斯關於社會聯合的觀念時把工具主義和情感性的社群觀都作爲批判的對象，但桑德爾自己的構成性社群觀要落實下來，就必然要像其他社群主義者那樣賦予社群包括情感性在內的廣泛涵義。實際上，社群主義者所理解的社群包涵了人與人之間的情感、信仰和政治歸屬等多種多樣的關係。當然，這並不是說，桑德爾所理解的社群排斥情感性因素，桑德爾的社會本體論著作的本意是，只是作爲情感性紐帶或者作爲在社會合作中得到增進的情感聯繫並不足以說明社群對於自我認同的構成性意義。

但是，儘管自由主義對社群主義沒有區分社群和政治社群的指責具有相當的合理性，還是應該指出，就從根本上把握自由主義和社群主義對社群的理解的歧異而言，桑德爾對工具主義的和情感性論述的社群觀的批判是抓住了要害的。粗略地說，支持自由主義對社群的理解的是正義甚至是分配正義的概念，支持社群主義對社群的理解的是德性或美德的概念，這就要求從正義和德性的角度來考察自由主義—社群主義之爭。

二、正義與德性

任何嚴肅地對待哲學史的人一定會對把正義和德性對立起來的當代主張感到迷惑。因爲，無論古代哲學家還是近代哲學家，都把正義和德性之間的關係理解爲既非對立的、不相容的，亦非僅僅是一種相容的關係，而是一種共生（symbiotic）的關係。[5]

依照劍橋大學的道德哲學家奧尼爾（Onora O'neill）的解釋，「正義基礎論」（justice-based accounts）往往是普遍主義的，他們訴諸於超生活、地點和時間的原則，至善論者（perfectionists）、後果論者（consequentialists）和義務論者（deontologists）是其支持者；「德性基礎論」（virtue-based accounts）則是特殊主義的，社群主義者、徹底的特殊主義者、維根斯坦主義者（Wittgensteinians）和亞里士多德主義者（Aristotelians）是其支持者，他們不把倫理斷言奠基在普遍原則之上，而是以社群的實踐和傳統，以處境化的個體（situated individuals）的感情、判斷和聯繫作爲基礎。[6] 如果考慮到作爲社群主義主要批判對象的新自由主義的主將羅爾斯的《正義論》正是一部義務論的著作，而亞里士多德主義本身又是社群主義的一個重要的理論資源，便會使我們對新自由主義和社群主義在正義與德性問題上的歧異程度的把握，具備歷史的縱深感。

亞里士多德繼承了乃師柏拉圖否定個體的善會與城邦的善發生衝突的預設，在他看來，人類之善存在於一個有共同目標的社群，而城邦是人類生活的德性能得到真正而充分的展現的唯一的政治形式。在這種形式的社群中，存在關於善和德性的廣泛一致，這種一致使得公民和城邦結爲一體成爲可能。《政治學》所研究的是希臘四樞德（智、節、勇、義）中的最後一種——即正義的本性，在最廣泛、最普遍的意義上，正義作爲最高的德性，正是指法律所用來要求的一切，指每一個公民在他與所有其他公民的關係中要實踐所有的德性。

狹義的正義則有兩種形式，即分配的正義和校正的正義。校正的正義具有盡可能恢復被某種或某些不正義的行動所部分毀壞了的那種正義秩序的作用；而分配的正義則在於遵守那種規定著受校正正義保護的秩序的分配原則。

亞里士多德主張，分配正義必須符合某種形式的應得（desert），而應得的概念則是與城邦的分層結構秩序聯繫在一起的。因此，應得的概念只有在下面兩個條件得到滿足的情境中才能得到應用。首先，必定有某種共同的事業是這樣一些人想成就的目標，他們被看作是比那些沒有這種目標的人更應該多作貢獻的。其次，對於怎樣評價這些貢獻並怎樣給予相應的獎賞，人們也必定有一些共享的觀點。而這兩個條件只有在亞里士多德所理想的城邦生活中才能得到滿足，因爲在城邦生活中，在公民德性和個人德性的追求之間沒有任何不相容性。

社群主義者中受亞里士多德主義影響最深的麥金太爾正是以亞里士多德的實踐理性學說

特別是其德性論爲準繩，來對作爲啓蒙運動道德合理性論證之延續的新自由主義進行批判的。

在麥金太爾看來，新自由主義將人的正當性的生活和好的生活人爲地分割開來，使之成爲兩個不可通約的領域。「規則成了道德生活的基本概念。」[7] 而「德性則是與受到某種高級欲望支配的某些傾向和愛好聯繫在一起的感情」。[8]「所謂基本德性是指按照關於正當的基本原則行動的強烈而通常是有效的欲望。」[9] 但麥金太爾認爲，無論一種道德規則多麼完備，如果人們不具備良好的德性或品格，就不可能對人的行爲發生作用。這就是說，規範倫理不僅要有合理性的理論基礎，還必須有主體人格的德性基礎。

因此，假如爲了理解規則的作用和權威性，我們首先需要注意德性，那麼，我們就必須以完全不同於休謨、狄德羅(Denis Diderot)、康德和彌勒等人所用的方式作爲研究的新起點，這就必須重寫一部德性概念的簡史。確實，重構德性學說的歷史的工作在麥金太爾的學術事業中占有舉足輕重的地位。

麥金太爾將德性學說分爲三個階段，用他的話來說，即是從「複數的德性」（virtues，或譯各類德性）到「德性」（virtue）和「德性之後」（after virtue）。

關於第一階段，即從古希臘羅馬到中世紀，這個時期是所謂「複數的德性」時期，這一時期以亞里士多德爲代表。麥金太爾對這種「複數的德性」的解釋分三個層次進行：[10] 一是涉及到作爲達到內在於實踐的善所必須的性質的德性；二是把它們考慮爲是有助於（服務於）一種總體的統一的人性的性質；三是把它們聯繫於一種人類理想的追求。這就是說，這一時期的德性是複數的，多種多樣的，如古希臘的四樞德——智、節、勇、義，神學的德性如謙卑、希望、熱愛等，他們都服務於一個自身之外的目標，如作爲荷馬史詩中所見的英雄時代的德性的目標即是某一種社會角色，這也是德性最原始的意義；或者如在亞里士多德那裡作爲達到好的生活的手段；或者如《新約》中所體現的服務於超自然的、神的意義上的完善。在這裡，麥金太爾所強調的是，德性有一個支配性的人生目的，在他看來，沒有一個作爲統一體的對整個人生目標的支配性觀念，我們對某些個人德性的觀念就必然是零碎的、片斷的。

在第二階段，出現了一種有關德性的新觀念，即所謂「單數的德性」。單數的德性是指德性成爲單純的道德方面的德性。在這一時期，德性不再依賴於某種別的目的，不再是爲了某種別的「好」而被實踐，而是爲了自身的緣故，有自身的獎賞和自身的動機。這樣，道德實際上就向非目的論的、非實質性的方向發展，「單數的」或「窄化的」道德所導致的竟是不再有任何共享的實質性道德觀念了，尤其是不再有共享的「好」的觀念，這真是一種絕妙的反諷。於是，「單數的德性」的結果竟是德性只意味著服從規範，德性概念對道德哲學家與社會道德都變成邊緣的了。這也就是麥金太爾批判的啓蒙謀劃的實質。

啓蒙運動對道德合理性論證的失敗使得理性的證明暴露出理性本身的弱點，走向技術性的分析哲學並未使這種情況有所改觀，羅爾斯的新自由主義、新康德主義、新社會契約論不過是天鵝的最後一次歌唱。這一切導致了一個「德性之後」的時代，一個不再有統一的德性觀、價值觀的時代的來臨。

麥金太爾正是在對德性的歷史觀照的基礎上，考察了作爲一種政治德性的正義，並批判了羅爾斯和諾錫克這兩種新自由主義中並駕齊驅的正義模式。

麥金太爾深刻地發現，羅爾斯和諾錫克都把亞里士多德道德理論中應得和賞罰的概念排除出去了，都認爲不能按道德的功過，道德上的應得賞罰和優劣實施分配正義。這是因爲他們兩人都堅持一種個人主義的立場，「他們的闡述中都是個人第一，社會第二，而且對個人利益的認定優先於、並獨立於人們之間的任何道德的或社會的連結結構」。[11] 他們的觀點排除了對這樣一個社群的任何闡述，在這個社群內，在追求共有的利益的過程中，對社群的共同任務的貢獻相關的賞罰概念，爲有關德性和非正義的判斷提供了基礎。反過來，「應得賞罰的概念只有在這樣一個社群的背景條件下才適用，即該社群的基本連結物是對人而言的善和社群的利益（good）這兩者有一個共同的理解，個人根據這種善和利益來判定自己的根本利益。」[12]從這角度來看，對羅爾斯和諾錫克的爭論無法給出一個最後的裁決，是因爲他們都是以對社會的「自由主義的個人主義」（liberal individualism）的理解爲前提進行理論思考的。

麥金太爾的道德社群主義的一個基本的理論出發點正是對「自由主義的個人主義」的批判。現代自由主義的規範倫理是一種與德性倫理相對應的倫理學類型，麥金太爾作爲德性倫理的倡導者，以一種歷史主義的方式把現代自由主義的道德論證看作是與亞里士多德主義的道德理論傳統相對立的，並進而批評了前者的非歷史反傳統的道德立場。「對我們來說，頭等重要的是要記住，建立一種社會秩序形式的謀劃（在這種秩序中，透過借助真正普遍的、不依賴傳統的規範，個人可以將他們從傳統的偶然性和特殊性中解放出來）過去是而且現在還不僅僅是（或主要不是）哲學家的謀劃。它過去是，現在依然是現代自由個人主義社會的謀劃，而我們相信不依賴傳統的合理性普遍性之希望的最有說服力的理由，則源自對這種謀劃歷史的一種幻覺。」[13]自由主義的錯誤恰恰在於運用遊離於傳統之外的普遍理性，把自由主義、個人主義的正義性說成是全人類的共同理想和所有社會的統一原則，而把不同傳統對好生活的理解的相互衝突或同一傳統內部的不同解釋之間的相互衝突提交給法律系統去裁決，「自由主義的祭司是律師，而不是哲學家。」[14]與之相對，儘管麥金太爾反對道德理論中的情感主義，並在他的傳統的理性發展觀的基礎上，探討了認識論危機的解決，回應了相對主義的挑戰，但麥金太爾關心的並不是某一組見解（a set of opinions）的普遍有效性，而是在它所屬的傳統中對它的正當性進行辯護，並與其它只是暫時地滿足其成員的傳統相對，辯明這種傳統的正當性。[15] 而像自由主義那樣僅僅對多元性表示寬容是不能做到這一點的。

桑德爾則對羅爾斯的義務論自由主義關於正義優先的觀點進行了批判。桑德爾指出，儘管羅爾斯在表面上摒棄了康德的先驗自我或形而上學的主體，但卻秉承了康德實踐哲學的理論形式，即為社會確立一種普遍的正義原則。但照桑德爾的看法，既然羅爾斯摒棄了康德的先驗唯心論，便只能將其正義論建立在經驗基礎上。羅爾斯用原初狀態（original position）重建正義的環境是想以對「正義即公平」的康德式解釋賦予義務論以休姆主義的面目，但其面臨的兩難選擇卻是，要麼休姆面目的義務論不復為義務論，要麼羅爾斯在《正義論》中的努力是在重塑他本已摒棄的康德的虛無飄渺的主體。

桑德爾認爲，如果羅爾斯要建立他所聲稱的定言意義上的正義優先，他不僅應當表明正義的環境在一切社會中都是頭等重要的，而且還要表明，其重要性達到這樣的程度：正義之德性比其它德性更爲充分和廣泛地得到保證。但經驗的解釋卻無法提供這樣的保證。正義之爲社會制度的首要德性，並非如真理是思想的首要德性那樣絕對和自明，而是如軀體的勇敢相對於戰場，是有條件的。[16]

在〈分配正義 的性質與範圍〉（The Nature and Scope of Distributive Justice, 1976）一文中，泰勒認爲，關於分配正義的爭論是與人們對那些對人類而言的善的不同解釋和評價相關的，也是與人們對如何實現這些善的不同觀念相聯繫的。泰勒把對這種關係的洛克式的或原子主義的觀點與亞里士多德主義的或社會的觀點區別開來。根據前一種觀點，人類的善包括如保護個人免遭別人攻擊這樣特殊的善，而後者被視作只是偶然地與人類的聯合聯繫在一起的。換句話說，聯合的目的是幫助個人實現他們的善，但這些善本身並不要求聯合。而根據亞里士多德的觀點，追求人類的善的根本的條件是與社會有密切的聯繫的，因爲個人從社會中得到的並不是實現他的善的某些幫助，而恰恰是他作爲一個自爲者（an agent）追求善的可能性。[17]

因此，洛克式的正義原則的關鍵之處在於對社會目標的平等滿足的概念。對洛克來說，這種平等滿足意味著對個人的生命、自由和財產的同等程度的保護，而不管它所保護的原來的財產分配形式是多麼不平等。當代的洛克主義者發展了泰勒所稱的「貢獻原則」（the contribution principle）。根據貢獻原則，正義排除對收入的更大程度的平等的追求，也排除根據需要對善進行分配的原則。天賦更高的人和受過更好訓練的人由於他們對社會作出了更大的貢獻並提高了其他人的低下的生產能力，就應當比那些天賦較低的和受過較少訓練的人得到更高的報酬。而根據亞里士多德主義的觀點，社會中的每個人同樣地受惠了他們所共享的生活方式，因此在對善的分配上，就要求比洛克式的觀點有更大程度的平等。在泰勒看來，在當代，諾錫克是洛克主義的代表，而羅爾斯（John Rawls）和華爾澤（Michael Walzer）則是亞里士多德主義的代表。

泰勒認爲，分配正義問題上的洛克主義和亞里士多德主義的衝突是相當危險的。這是因爲，當社會經濟成長水準較高時，我們也許能在貢獻原則得到保證的同時運用公共儲備對最突出的不平等現象進行補償。但當持續的成長變得困難時，不滿和牢騷的增加就會透過訴諸對社會聯合的善的種種特定的解釋表現出來，「兩邊都認爲『制度』是不合理的和非正義的」。[18]

但是，在泰勒看來，重要的是要認識到，衝突的兩方都對應於「我們的社會經驗的一個方面」。[19]一方面，我們可以如羅爾斯在爲他的正義第二原則即差別原則辯護時那樣，合法地主張個人的特殊天賦和能力是社會財產，因此，不平等只有當它能夠增進處境最差者的善時才是正當的。另一方面，對天賦和能力的個人主義解釋也是可能的。但是相應地，如果我們只依賴於「互惠的平衡」(balance of mutual indebtedness)，就會無視貢獻原則和比例平等觀念的有效性；而如果我們只依賴於個人主義的解釋，就會忽視對個人的理解是依賴於社會意義的網絡的，如特定的民主制度、公民的某些共享觀念、觀念的自由交換的可能性、管理公共事務的責任感等等。

那麼，應該如何回應這兩種相互衝突的觀點？這個羅爾斯在對近二百多年來西方政治思想中的洛克遺產和盧梭遺產進行裁定時碰到的問題，麥金太爾在對西方各種不同的道德傳統及每種傳統的不同的解釋進行綜合時碰到的問題，華爾澤在闡明對社會物品的不同的解釋時碰到的問題，也同樣地擺在泰勒前面。泰勒的回答是，我們所要尋求的並不是完全一致，而是某種調節。

調節的基準是某些關於西方社會的普遍性事物，「所有的或極大部分（西方社會）都是支持個人自由和共同協商的意義的共和制社會；同時，所有的或大部分的社會都被它們的成員體驗爲促進個人幸福的合作的事業。第一個方面是平等的共享的基礎，第二方面是我所說的貢獻原則的基礎。正義要求賦予兩個原則以適當的比重」。[20]

但是，我們究竟應該如何給予兩個原則以適當的比重？換句話說，泰勒所謂調節究竟應該怎樣進行。泰勒似乎沒有清楚地回答這個問題，他只是建議貢獻原則應當與更多的平等主義的考慮結合起來。在多元主義背景下，以遠遠超出單純經濟領域的社會物品（social goods）理論爲基礎，建構其複合的平等觀，從而以獨特的多元主義正義論代表了試圖綜合自由和平等的社群主義的方向的是華爾澤。

華爾澤系統地考察了分配正義領域的三條原則。[21]

第一條原則是自由交換（free exchange）。自由交換是一個廣泛的原則，它並不保證某種特定的分配結果。至少從理論上說自由交換產生了在其中透過金錢這一中性媒介所有物品都能轉化成其他物品的市場制度。沒有支配性物品，也沒有壟斷。因此，可以獲得的相繼的決定將能直接反映所分配的物品的社會意義，換句話說，每一次自由交換都是物品的社會意義的呈現。

第二條原則是應得原則。與自由交換一樣，應得原則既是廣泛的又是多元的。人們能夠想像一個唯一的中性動因來實施獎賞和懲罰，並且這一動因對於個人應得的所有形式是無限敏感的。這時，分配過程確實被集中了起來，但其後果仍然是不可預測的和各種各樣的。根據定義，應得似乎要求在特定的物品和特定的人之間的特別緊密的聯繫，而正義則僅僅在有時要求這種聯繫。應得沒有需要那樣的緊迫性，也不以同樣的方式引起所有、持有和消費。應得的權利是一種強烈的要求，但卻是非常難以判斷的，只有在非常特定的情形下才會產生某種特定的分配。

第三個原則是需要原則。「各取所需」（to

each according to his needs）是馬克思著名的分配箴言的一部分，這一箴言是，「我們按照共同體的成員的需要分配共同體的財富」（We are to distribute the wealth of community so as to meet the necessities of its members），華爾澤認爲，這是一個合理的但卻是相當不完整的分配建議。「各盡所能」（from each according to his ability）似乎要求所有的工作應該在個人資格的基礎上進行分配，但在任何明顯的意義上，個人並不需要所限定的那種工作。 也許這樣的工作是稀少的，而有資格的候選者則非常多，那麼，哪個候選者最爲需要？如果他們的物質需要已經得到滿足，也許他們根本就不需要工作；或者，如果是在非物質的意義上，他們都需要工作。因此，需要並不能把他們相互區分開來。

儘管如此，華爾澤還是認爲需要產生了一個特殊的分配領域，在它自身的範圍之內，它本身就是一條合適的分配原則。給定任何產生於共同生活的物品的巨大的多樣性，即使其物質生活水準非常低下，其他的分配標準仍將與需要一起發揮作用。分配的規則的有效性應當是，依照不同的程序，爲了不同的理由，把不同的物品分配給不同的男男女女。

應該說，「正義——德性之辯」與「自我——社群之辯」是緊密地聯繫地一起的。正如前節已經揭示的，支持新自由主義的權利優先論的正是對先行個別化的自我的觀念，而正義則是保障個人權利得以實現的最重要的規則，規則優先是新自由主義的道德哲學的要害；而社群主義作爲一種與「權利政治學」相對的「公益政治學」，在批判新自由主義的正義優先觀點（如桑德爾）的基礎上，一方面探索了物化的利益這種公共善（public good or common good）的形式，如華爾澤建立的社會物品理論的分配正義原則，另一方面又高度重視作爲非物化的行爲的公共善，這一點不但體現在他們反對對社群的工具主義的理解，把社群本身理解爲一種善，而且是一種最高的善，還體現在他們在一個至上的整體生活和目的概念的指導下，批判了作爲一種普遍主義的在道德上中立的政治哲學和道德哲學的自由主義對傳統美德的消蝕，而且探究了愛國主義這樣的具體德性，從而更加突出了其道德原則的特殊主義色彩。

綜觀社群主義的理論建樹，一個顯著的特點是，批判強於建設，換句話說，社群主義更多是通過對自由主義的弱點的批評而較少通過對自身優點的張揚來闡明其理論立場的。那麼社群主義的理論主張究竟具有怎樣的實踐含義，或者他們會爲什麼樣的制度選擇進行辯護，這正是我們接下來要加以討論的。

三、市民社會：批判與重建

社群主義的政治實踐含義是一個十分複雜的問題。泰勒曾經把「自由主義—社群主義之爭」中的「本體論論題」（ontological issues）和「辯護論題」（advocacy issues）區分開來，照他看來，如果要把類似於桑德爾在《自由主義與正義的局限》中那種社會本體論的論題發展成辯護性的，還需要規範的、深思熟慮的論證。[22]

英國工黨領袖、現任首相布萊爾（Tony Blair）曾經說：「馬克思的社會主義既已死亡，社群主義便成爲歐洲左翼復興的酵母。」但實際上，社群主義者的政治主張並沒有高度一致性，甚至有相互齟齬之處。

麥金太爾被人們形容爲「駐足凝思於對一種遠古過去的回憶與對美國多元論的全球性視觀之間」，[23]深深沉浸在芬格蘭凱爾特人的傳統世界之中，在希臘德性之廢墟上發思古之幽情的懷舊思想家。但事實上，麥金太爾的政治主張頗爲激進，是社群主義者中受馬克思影響最大的思想家之一。麥金太爾的第一部著作就是《馬克思主義：一種解釋》（*Marxism: An Interpretation*, 1953），後又著有《馬克思主義與基督教》（*Marxism and Christianity*, 1968），他認爲自己五〇至七〇年代的工作就是爲了填補馬克思主義的「空白」。

值得注意的是，1994年，麥金太爾發表了〈關於費爾巴哈的提綱：一條沒有採取的道路〉（The Theses on Feuerbach: A Road not Taken）一文，談到一方是共產主義的國家機器在如此多的國家內部坍塌，使得這些國家裡的各種集團努力去獲得或重新獲得市民社會的立場，另一方是「我們自己的政治文化……斷定或預設了這樣一個立場：市民社會是不可能超越的」的語境中，重提馬克思在1945年春天寫的〈關於費爾巴哈的提綱〉，認爲馬克思在該提綱中提出的「對象性的（gegenständliche）活動」是克服市民社會的有力武器。

在麥金太爾看來，在由市民社會的規範所主宰的活動中，除了被理解成某一特殊的個體或一些個體的目標之外，並不存在什麼目的；除了那些個體所涉及的願望和需要的滿足之外，不會承認任何善。因爲市民社會把共同的善認作是各個個體共同去追逐的善，但對共同善唯一有效的概念是從各種各樣的個體努力滿足其欲望時所追求的善的概念中建樹起來和提煉出來的，因此其基礎並不牢固。而馬克思提綱第一條中所謂對象性的活動，是指這樣一種活動，在其中活動的個體正是由於有了這一對象性的活動，才能實現某種普遍性的價值。這是由於，馬克思稱之爲對象性活動的任何實踐類型，都是先於和獨立於偶然去從事這些活動的特殊的個人欲望而得到其規定性的，個體是在這類實踐的結果中發現從事這一活動的每個人的共同善，而內在於和針對這一特殊實踐類型而言的善，可以透過參與這一活動而使活動者起初的欲望發生改變，這就是「環境的改變和人的活動或自我改變的一致」。在這裡，麥金太爾實際上是以亞里斯多德的目的論所包含的以共同善爲旨歸的實踐類型的概念去解釋馬克思的實踐（對象性活動）概念的。「我堅持認爲，假如馬克思展開來寫這部著作的話，《關於費爾巴哈的提綱》的論證所需要的關鍵特性，將不得不以極似亞里斯多德用語的方式去闡述。」[24]

但是，隨著馬克思在1845年放棄了哲學，他就沒有機會再來系統地發揮這些思想，也失去了對理論與實踐關係的涵義進行理解的機會。而在麥金太爾看來，只有以古爾德（Carol Gould）在其《馬克思的社會本體論》（*Marx's Social Ontology*, 1978）中所說的「關係中的個體的本體論」（ontology of individuals in-relation）及其亞里斯多德先驅去重新理解馬克思，尤其是《關於費爾巴哈的提綱》的意義，才能揚棄馬克思主義傳統中「來自恩格斯對馬克思和費爾巴哈關係的誤解的普列漢諾夫的辯證的和歷史的唯物主義」與「接續馬克思1944年巴黎手稿的青年盧卡奇（George Lukács）的理性意志論」的抽象對峙。

如果說，麥金太爾對市民社會的批判立場造就了其頗為激進的政治姿態，那麼華爾澤堪稱社會民主主義方向的社會重建之路則體現了強烈的折衷主義色彩。

在晚近發表的〈市民社會的思想——社會重建之路〉一文中，[25] 華爾澤在考察了對於什麼是造就美好生活的土壤和環境，我們應該朝創建哪種制度而努力的四種不同答案（民主國家的、社會主義的、資本主義的和民族主義的）的基礎上，闡發了他所贊同的市民社會的模式。在華爾澤看來，美好的生活只有在既有破裂和鬥爭又有實在的真正的團結的市民社會裡才能實現。

華爾澤所謂市民社會是指自願的人類社群的空間，或充滿該空間的一系列因家庭、信仰、利益和意識形態等緣故而構成的關係網絡。市民社會的觀點是對前述四個關於美好生活的意識形態理解的一種修正——部分拋棄、部分吸收。它向它們的片面性提出挑戰，而且本身也排除片面性。市民社會的社群生活是產生並驗證各種有關「好」的看法的實際土壤，也是證明這些看法是否偏頗、不完整及很不令人滿意的領域。

華爾澤注意到，市民社會是在爭取宗教自由的鬥爭中起源的。洛克認爲是寬容磨鈍了宗教衝突這把利刃。一旦賭注降低了，人們也就不那麼踴躍地冒險了。簡單說來，市民社會就是一個賭注不高的社會。從原則上說，只有在爲了維持和平時才會採取強制行動。所有社群在法律面前一律平等。在市場中，這種形式上的平等常常是毫無實質內容的，但在一個有著信念和認同的世界裡，它卻相當真實。當人們能夠自由地慶祝自己的歷史，緬懷其先烈，哺育其後代時，他們要比失去自由時更少有敵意。

華爾澤提醒人們要警惕伴隨著市民社會的慶典所出現的反政治的傾向。在華爾澤看來，社群的網絡中包容著國家的權力機構。社會主義的合作和資本主義的競爭都無法排斥國家，這就是爲什麼今天有這麼多持不同政見者都當了部長的原因。無論在東方還是西方，新社會運動已經把焦點放在了生態環境、女權運動、移民權利和少數民族權利以及產品安全和工作環境安全等問題上，而不再像民主運動和勞工運動曾經表現的那樣，把目標放在奪取政權上，這代表著一個重大的轉變，無論在感覺上還是在意識形態裡，都反映出一種新的局部高於整體的價值觀，一個寧願解決實際問題而不是希求徹底勝利的意向。這是由於市民社會使國家成爲易接近的，極權主義的崩潰才使市民社會的成員獲得了權力。

這裡涉及到了市民社會論點的悖論。公民身份是成員所行使的諸多角色中的一個，但是國家本身又同別的所有社群不一樣。它既組成市民社會的框架，又在其中占有一席之地。它確定所有社群活動（包括政治活動）的邊界條件和基本規則。它還使社群成員們超越他們自己關於美好生活的理論範疇，從共同利益的角度出發來考慮問題。市民社會需要政治力量，市民社會產生出差距懸殊的權力關係，也只有國家權力可以與之抗衡。

只有民主的國家才能建立一個民主的市民社會；也唯有一個民主的市民社會才能支撐起一個民主的國家。使民主的政治成爲可能的文明風氣只有在社群組織的網絡裡才能得到助長；而維持社群網絡的大致相等和分布廣泛的能力則必須由民主的國家加以扶植。而對著龐大的國家機器，公民，同時也是社群成員，將力爭為自主的社群和市場關係謀求空間；但是國家並非如自由主義理論家所說的僅僅是為市民社會提供一個框架，它還是鬥爭的工具，被用來塑造某個特定的公共生活形式。

華爾澤認為，要描述出一個完整的市民社會計畫就必須借鑑所有其他的社會計畫，而不能照搬它們的單一性。華爾澤〈市民社會的思想〉一文的目標就是要說明：

(1)實現國家的權力下放，使公民能夠有更多的機會為自己的活動負責。
(2)實現經濟的社會化，讓市場更加多樣化，公私兼營。
(3)仿效宗教模式，實現民族主義的多元化並對此加以教化，以不同的方式實現和維護歷史的認同。

也許人們會覺得生活在市民社會裡就如同用散文體說話一樣平淡無味，但在華爾澤看來，正如用散文體說話意指對措辭法需要有一定的理解一樣，上述那些行動的方式（當它們多元化時）也意味著對文明風尚的理解，而對這種文明風尚的理解時至今日我們仍不能對之完全領會。

總的來說，市民社會本身是由許多比民眾或勞動階級或消費大眾或民族等小得多的群體支撐著的。所有這些群體都隨意四處分散著，隨意地自由結合。他們成爲由家庭、朋友、同志、同事等世界的一部分，在這個世界裡，人們相互關聯，相互負責。沒有了這種關聯和負責，「自由和平等」便失去了我們原先想像中的吸引力。市民社會是工程中的工程，它需要許多組織策略和新型的國家行動。它要求一種新的對何爲局部、何爲特殊、何爲偶然的東西的敏感性，在所有這些中最主要的還是一種新的認識——美好的生活都是具體詳細的。

正如我們在〈導論〉中已經指明的，把1989年的事變的本質看做是代表「社會」的力量與代表「國家」的力量之間的衝突，從而其積極意義在於「市民社會對於極權主義的勝利」的觀點在歐洲人文思想家頗爲流行。從歷史的角度看，最初出現在歐洲語言中的「市民社會」一詞，一般被認爲是用來翻譯亞里士多德所謂的「公共政治」的，黑格爾從弗格森那裡學到用它來指謂這樣一些社會的、經濟的和法律的關係，個體進入這種關係是爲了滿足其需要，這樣，市民社會被了解爲「個人的生活和福利以及他的權利的存在，都同眾人的生活、福利和權利交織在一起的」的需要的體系，[26]從而黑格爾就闡述了「第一種市民社會的近代理論」。

但是，在不同的政治理論家那裡，在不同民族的語言中，「市民社會」一詞具有不同的含義：它在不同的情況下可以被分別理解成「公民社會」、「文明社會」、「資產階級社會」和「民間社會」。[27]在馬克思主義傳統中，繼《黑格爾法哲學批判》對黑格爾的國家理想主義在倫理國家範圍內揚棄市民社會的幻想的批判以及《論猶太人問題》中對政治革命和社會革命或政治解放和人類解放的區分之後，透過《一八四四年經濟學哲學手稿》中對市民社會的政治經濟學解剖，在馬克思和恩格斯合著的《德意志意識形態》中，把市民社會表述爲「在過去一切歷史階段上受生產力所制約、同時也制約生產力的交往形式」，並最終在《政治經濟學批判序言》把「市民社會」規定爲「物質的生活關係的總和」，而「這個『市民社會』思想，雖然與黑格爾作爲需要的體系的『市民社會』思想相吻合，但卻完全摒棄了它的法律、行政的方面，而且與馬克思本人在1844年以前對於市民社會的理解有很大的不同。」[28]但從此以後，馬克思主義對市民社會占主導地位的解釋正是「資產階級社會」和「資本主義社會的經濟基礎」，後者正是要被社會主義革命和無產階級專政所消滅的。因此，在二十世紀前六、七十年間，沒有什麼重要的馬克思主義對「市民社會」有太大的興趣，葛蘭西（Antonio Gramsci）的理論思考和哈伯瑪斯早年對於公共領域（the public sphere）的研究都沒有引起人們足夠的重視。而就西方社會的現實來說，即使在實現自由民主的國家，由於福利國家政策大行其道，談論獨立於國家的社會已沒有什麼意義，許多人覺得古典意義上的市民社會已經過時。

但是，從七〇年代開始的，如西班牙和葡萄牙轉向民主制度的成功，幾乎是非暴力的轉化，以及拉丁美洲某些類似的政治現象，在一定程度上使人們聯想起西歐大部分國家在前幾個世紀所經歷的「社會」反對「國家」的鬥爭。與此同時，東歐的異議者在同官方正面衝突之外採取了「非政治的政治」的策略——設法在官方的政治地盤之外建立一個與之既不衝突、又不妥協的地盤。這兩種策略都借助「市民社會」概念而獲得自我解釋。[29]一時間，「有關『市民社會』的討論，在各地掀起一股如海嘯般的浪潮——即由市民志願團體或私人性質活動的大結合，取代以往權威政府的角色。」[30]

哈維爾（Vaclav Havel）把「非政治的政治」、「無權力者的權力」等道德主義烏托邦的概念形容爲「生活在真理之中」，市民社會似乎成了真理的會聚點。確實，到了八〇年代中期，市民社會的概念已經重新流行於歐美學術界，而在1989年之後，「市民社會」毫無疑問是歐洲思想界最重要的概念之一。哈伯瑪斯塵封多年的教授就職論文《公共領域的結構性轉變》(Strukturwandel der Öffentlichkeit, 1962) 的英譯本（*The Structural Transformation of the Public Sphere*) 恰於1989年問世，一時間洛陽紙貴。自由主義、馬克思主義和社群主義似乎紛紛都要在市民社會問題上表明自己的立場，「市民社會」成了測定政治態度的界標。而縱觀社群主義者的所有論述，泰勒對市民社會理論模式的探討最爲深入細緻。儘管據我們所知，泰勒直接論及市民社會的文章屈指可數，但由於其黑格爾研究出身的特殊背景，對哲學傳統的複雜性的深刻洞見以及揭示 「當今重大政治問題的哲學價值」 的卓越能力使其所論產生了巨大的影響，堪稱當代最爲重要的市民社會理論家之一。本節餘下部分的任務即是對泰勒所論作一概述。

泰勒認爲，當代出現的對市民社會的重新籲求所要表達的顯然不僅僅是國家與社會相互獨立這一觀點，毋寧說，其背後臺詞是籲求西方民主政體的歷史實踐作爲一種典範。這又可以分爲兩個層次，一是西方已經存在市民社會，二是西方的這種當代現實是幾百年來對市民社會與國家進行區分的過程中長期發展的結果。泰勒在承認這兩點的基礎上，又提出，在另一種意義上，市民社會是我們必須力圖達到的一個目標。泰勒的兩篇雄文〈籲求市民社會〉(Invoking Civil Society, 1990)和〈自由主義政治和公共領域〉(Liberal Politics and the Public Sphere, 1995)正是用來系統地探討上述問題的。

作爲討論的出發點，泰勒首先確定了「市民社會」的三種不同意義：(1)最低限度，市民社會存在於有不處於國家政權監護之下的自由社團之處；(2)在較強的意義上，市民社會存在於作爲一個整體的社會能透過（獨立於國家監護之外的）社團來建構其自身並協調其行爲之處；(3)作爲對第二種意義的替代或補充，只有當社團的總體能夠舉足輕重地決定或轉變國家政策的過程，我們才能夠談論市民社會。

爲了使市民社會的形象更加真實、豐滿，更加符合比一般人所注意的遠爲豐富的西方政治文化傳統，同時也爲了使其更加有效地回應來自左右兩翼如柴契爾主義（Thatcherianism）、新社會運動（New Social Movements）以及社團主義（corporatism）的挑戰，泰勒深入地發掘了市民社會觀念的五種理論資源，並分別用其中三種要素來刻劃洛克和孟德斯鳩這兩種截然不同的市民社會模式和形象，即所謂L-流（L-stream）和M-流（M-stream）。

(1)中世紀的社會觀即「社會與組織不一樣，政治權威僅僅是許多權威中的一個」是後來市民社會概念的來源之一，也是西方自由主義的根基之一。

(2)基督教關於教會是一個獨立的社會的思想：西方基督教世界是雙焦的（bifocal），基督教世界的居民被組織進兩個社會中，一個是世俗社會，一個是宗教社會，而其中任何一個社會都不輕易服從另一個。

(3)主體權利這一法律觀念在封建式權威關係內的發展是西方主體權利觀念的由來，它在被十七、十八世紀的自然權利理論置換之前，是一種純粹的實在法（positive law）觀念。

(4)中世紀歐洲相對獨立的自治的城市不斷增加。

(5)中世紀政體的世俗二元性，使貴族、僧侶和庶民對君主統治的支持成為斷斷續續、不確定的。

照泰勒的看法，這些就是市民社會的理論的全部根基。在此後的發展中，儘管有所謂教會的附庸國化和布丹（Bodin）、霍布斯所發展的完全削弱或取代了中世紀對於社會（(1)）的理解的君權概念，但蔚爲大觀成爲主流的仍然是兩種反專制主義學說，即L－流和M－流。

如同我們在第一章已經闡述過的，在洛克看來，(1)觀點的意思是說，社會在政府之前就存在，社會產生於自然狀態的個體間達成的第一個契約（社會契約，the social contract proper或the contract of society，不同於social contract），而政府則是透過統治契約（contract of government或 contract of submission）產生的[32]，但照洛克的說法，社會和政府是一種委託關係，如果政府褻瀆社會的信任，後者就將追回前者行動的自由。(2)觀點是說前政治社群（pre-political community）是由來自上帝的自然法統治的，這一觀點又成爲(3)觀點中的主體權利的基礎：只要違背這些權利，任何法律條款都將失效。所謂L－流正是(1)、(2)、(3)三種觀點的特殊組合，「這個理論的中心要義是英國資本主義的自我表現意識形態。」[33]

對孟德斯鳩來說，由於他像古人一樣保留

了社會的完全政治性的定義，因此他並不假定一個前政治社群，他就不必求助於(1)和(2)。在他看來，社會不是獨立於其政治體制之外被界定的，社會和政治權力是同時存在的。孟德斯鳩眼中的社會是一個二元平衡的社會，他通過將社會視爲中央權力與一系列已經確立的權力之間的一種平衡來爲市民社會／國家的區分設下了基礎，這一點又是與古人迥然不同的，要言之，孟德斯鳩把(3)、(4)、(5)三個觀點融合在一起，使他立足於中央政治權力和一系列由充滿共和意識和愛國美德的公民守護著的權利之間。

可見，有兩股潮流即L-流和M-流共同匯入「市民社會」。L-流的核心特徵是將社會視爲超政治的現實，但除了經濟這一完全外在於政治軌道（按亞當・斯密和十八世紀重農主義者的構想）的具有自身內在組織的領域外，十八世紀有自己「輿論」的自治公眾的發展亦是L-流中同樣具有重大意義的部分。公眾輿論完全是在政治機構的渠道與公共空間之外形成的，「自我調節的經濟以及公眾輿論，這就是社會能夠在政治機構之外達成某種統一或合作的兩種方式。它們提供了洛克思想的主幹，而又具有中世紀思想的根基，即社會具有外在於政治向度的的同一性。」[34]由此便產生了兩種判然有別的政治希望，一是朝向自我決定的規範，二是朝向政治邊緣化的目標。這兩類希望或者以某種假設的全意志（common will）使國家淹沒於社會之中，或者密切地靠近無政府狀態，從而對自由構成威脅。而盧梭試圖在社會契約基礎上籲求前政治狀態，和在一種透明的面對面的政治社會的理想中籲求古代德性的努力，在現代社會中作爲無法實現之物而退出想像的視野。

托克維爾正是以他深刻的政治智慧洞見到L-流中所產生的兩類希望中內含著的危險，即包含公意的現代民主政體能蛻化成一種「軟性專制」（despotisme doux）以及與它相伴共生的政治自由的式微。作爲十九世紀最偉大的孟德斯鳩的信徒的托克維爾，清晰地意識到帶有政治目的的社群是根本性的，因爲抵制軟性專制的唯一堡壘就是社群。「如果L - 概念的關鍵在於關於社會的非政治向度的思想，那麼孟德斯鳩的貢獻就在於描繪了這樣一個社會，這是由其政治組織加以界定的……存在著出於非政治目的的若干獨立的社群，但這些社群的意義不在於它們形成了一種非政治的社會領域，而在於它們爲政治體制之內權力的分裂與多樣化構成了基礎。」[35]

在泰勒看來，無論是要回應處於右翼「社團主義」的政治批評家和左翼的生態保護分子，還是要跨越公民和國家之間的距離，都需要我們平衡L-流和M-流，因爲這種距離的兩種形象正分別是由L-流和M-流賦予。依L-流，市民社會的唯一作用就是限制國家的權力，減少政府對人們日常生活的干預；依托克維爾，雖然市民社會的消極限制功能不可忽視，但其結合公民與國家的功能同樣重要。泰勒認爲，「這兩種觀點得以區分，部分是由於它們賦予自由社會所追尋的兩項主要善行——

個人自由與自治——不同的優先性所致。」[36]而以為單憑上述兩種距離形象中的一種就可以理解當代自由主義民主的毛病，就犯了最基本的錯誤。

泰勒清醒地意識到，自由主義一向是一種複雜的信念，它擁有的目標也不只一個，而是至少有三個不斷反覆出現的目標：自由、自治以及基於平等的權利規則；泰勒也洞見到，所需要的不只是平衡，而更是一種共生的關係。但僅僅說自治和自由具有內在的聯繫是遠遠不夠的。問題是要說明自治的理想如何才能落實。

我們注意到，社群主義的重鎮麥金太爾和桑德爾實質上是所謂新共和主義者，而按照他們所要復活的古典共和主義的傳統，「人本質上是政治的人，即是一個要透過參與自治的共和國的活動來極大完善自我道德的公民。公共自由或政治自由，也就是我們現在所說的積極自由，意味著參政議政。」[37]而泰勒也曾經把自由主義—社群主義之爭刻劃成程序性自由主義（procedural liberalism）和公民人文主義傳統（civic-humanist tradition）的區別。公民人文主義和新共和主義一樣強調政治社群的善，要求有美德的公民的積極參與。從這個意義上，我們可以粗略地用消極自由和積極自由的對峙來形容自由主義和社群主義的爭論。但是，正如伯納德・威廉斯（Bernard Williams）在他的牛津就職講演中指出的，兩種自由既然都能被稱作自由，其中必定有某種勾連。[38] 當代政治哲學若要進一步發展，就不能停留在兩種自由的抽象對峙上，而要求在對這種勾連的深刻洞見的基礎上綜合、超越和揚棄這兩種主要的政治哲學傳統（消極自由——自由主義與積極自由——社群主義或共和主義），這就要求我們對兩種自由的分與合作一番系統、深入的觀念史考察。

註　釋

[1]Amy Gutmann, “Communitarian Critics of Liberalism”, in *Philosophy and Public Affairs, Summer*, 1985, Vol.4, No. 3.

[2]Alasdair MacIntyre, *After Virtue*, University of Notre Dame Press, 1984, p.119, 211, 218, 250, 273.

[3]同註2。

[4]Michael Sandel, *Liberalism and the Limits of Justice*, Cambridge University Press, 1982, p.20, p.30.

[5]參見S. W. Holtman為Onora O'neill的近著*Towards Justice and Virtue: A Constructive Account of Practical Reasoning*（New York: Cambridge Uninversity Press, 1996）所寫的書評，載於*The Journal of Philosophy*, Vol.xcv, N. 6, June, 1998.

[6]參見前揭Onora O'neill書第一章。

[7]同註2。

[8]John Rawls, *A Theory of Juatice*, Harvard University Press, 1971, p.192, 436.

[9]同註8。

[10]同註2。

[11]同註2。

[12]同註2。

[13]Alasdair MacIntyre, *Whose Justice? Which Rationality*? Unirersity of Notre Dame Press, 1998, p.335, 344.

[14] 同註 13。

[15] 參見 Georgia Warnke, *Justice and Interpretation*, Polity Press, 1992, pp.116–28.

[16] 同註 4。

[17]Charles Taylor, "The Nature and Scope of Distributive Justice", in his *Philosophy and Human Sciences*, Cambridge University Press, 1985, p.292, 307, 311, 313.

[18] 同註 17。

[19] 同註 17。

[20] 同註 17。

[21] 參見 Michael Walzer, *Spheres of Justice*, New York: Basic Books, 1983, pp.21–6.

[22] 參見 Charles Taylor, "Cross-purpose: The Liberal-Communitarian Debate", in his *Philosophical Arguments*, Harvard Univesity Press, 1995.

[23]Giovanna Borradori, *The American Philosopher*, The University of Chicago Press, 1994, p.137.

[24]Alasdair MacdIntyre, "The Theses on Feuerbach: A Road not Taken", in C. C. Gould and R. S. Cohen (eds), *Arifacts, Representations and Social Pratice*, Kluwer Academic Publishers, 1994, pp.277–90. 中譯載《國外社會科學》，1995 年第 6 期。

[25] 華爾澤此文的中譯載於《國外社會學》，1994 年

第 2 期，頁 1-12。

[26] 黑格爾，《法哲學原理》，頁 198，商務印書館，1961。

[27] 林毓生對 Civil Society 的公民社會、市民社會和現代民間社會三重含義進行了討論，見氏著《熱烈與冷靜》，頁 96-100，頁 244-99 等處；上海文藝出版社，1998；甘陽則批評了 Civil Society 的「民間社會」譯名，見其〈「民間社會」概念批判〉一文，收入張靜主編，《國家與社會》，頁 24-35，浙江人民出版社，1998。

[28] 城塚登，〈「市民社會」的思想與現實〉，見氏著《青年馬克思的思想》，頁 154，求實出版社，1988。

[29] 以上參見童世駿，《冷戰後的歐洲人文思想界》第六章〈重新體認的「市民社會」〉，1995 年上海油印本。

[30] 霍布斯邦（Eric J. Jobsbawn），《極端的年代》下冊，頁 727，江蘇人民出版社，1998。

[31] 泰勒此兩文均有不完全之中譯，前文有增刪後的兩種中譯，即〈籲求市民社會〉，載汪暉等編《文化與公共性》，生活・讀書・新知三聯書店，1998，〈公民社會的模式〉，載《國外社會學》，1994 年第 2 期；後文的中譯〈公民與國家之間的距離〉刪去了關於「公共領域」的正面討論，原載《二十一世紀》（香港中文大學，中國文化研究

所），第40期（1997年4月號），後收入前揭汪暉所編文集。

[32] 正如G. H. Sabine指出，儘管洛克沒有明確闡明原始契約究竟產生了社會本身還是產生了政府組織，他在某些方面默認阿爾色修斯（Johannes Althusius）和普芬道夫（Samuel Pufendorf）的雙重契約論，《政治學說史》下冊, p.597，商務印書館，1986。

[33] 帕特・查特奇，〈關於泰勒「公民社會模式」理論的一些看法〉，載《國外社會學》，1994年第2期。

[34]Charles Taylor, "Invoking Civil Society", in his *Philosophical Arguments*, Harvard University Press, 1995, pp.217–22. 值得指出，由於對原文的思想了解有限，前揭兩種中譯都將turns on的意思譯反了。

[35] 同註34。

[36]Charles Taylor, "Liberal Politics and the Public Sphere", in his *Philosophical Arguments*, p.273.

[37]Godon. S. Wood, *The Radicalism of the American Revolution*, New York: 1991, p.104.

[38]參見B. Williams, "Saint-Just's Illusion", in his *Making Sense of Humanity*, Cambridge University Press, 1995: pp.135–50.

第三章
兩種自由的分與合

自從以撒・柏林在〈自由的兩種概念〉（Two Concepts of Liberty）一文中，在法國自由主義思想家貢斯當區分古代人的自由和現代人的自由的基礎上，進一步提出積極自由和消極自由的著名區分以來，儘管有如列奧・斯特勞斯（Leo Strauss）這樣的保守主義政治理論家認爲「兩種自由概念」無異於宣布自由主義的危機，也如諾曼・巴里（Norman Barry）在爲《二十世紀思想家：生平、著作和批評辭典》所撰寫的「柏林」條目中指出的，柏林對於道德原則的最終真理的懷疑論，使他無力對相互競爭的價值作出判定[1]，因爲價值多元論無法保證自由主義成立的絕對基礎，但還是有許多人被柏林對積極自由的一元論、烏托邦和極權主義的批評所感染，並認爲消極自由正是西方自由主義傳統的精髓。

但是，不管二次大戰之後復興自由主義的諸公（K. Popper, J. L. Talmon, I. Berlin, F. A. Hayek）對極權主義和烏托邦主義的批判和反省具有多麼堅實的理據，所謂消極自由亦仍然不過是源遠流長的西方自由傳統的一個分支和流裔。按照英國當代政治理論家戴維・米勒（David Miller）的分類[2]，西方歷史上曾經出現過三種主要的自由傳統，第一種亦是最古老的自由傳統是共和主義的傳統，古希臘的共和理念和漢娜・鄂蘭（Hannah Arendt）所謂的新雅典主義即屬此一傳統；第二種傳統即是自由派的傳統，如果說在共和主義者看來，自由必須透過某種政治方式實現的話，那麼，在自由主義者看來，在政治終結的地方才可能有自由的存在；第三種自由傳統是唯心主義（idealist）自由傳統，這種傳統把自由的主要內涵理解成自律（autonomy）。

無論米勒的分類能否窮盡西方自由傳統的全部，自由傳統的複雜性本身已經足以說明當代西方政治哲學家們經常試圖透過復興、張揚一種傳統來反對另一種傳統以滿足現實的要求這種頗有意思的現象。社群主義和自由主義的論戰無疑提供了這方面的一個最好的例證。但這種抽象的對峙正是以犧牲對人的生活的整全性的理解和把握爲代價的。無可否認，批判理論的大師哈伯瑪斯晚近倡導的程序主義政治觀和民主觀正是以綜合、揚棄和超越這種抽象的對峙爲目標的。對消極自由和積極自由這兩種自由觀念的分與合作一番觀念史的考察，將會使我們對當代政治哲學演進的內在理路獲得比較真切的洞見。

一、從貢斯當到柏林

儘管貢斯當被譽爲「當時歐洲大陸最著

名的自由主義政治家和作家」，「近代自由主義的奠基者之一」。[3]但長期以來，在通行的政治思想史中，貢斯當的聲名並不顯赫。如果我們說貢斯當之進入政治思想家的偉人祠主要是得力於海耶克尤其是柏林的援引，也許並不算過甚其辭。

儘管進行長時段的歷史類比要冒把複雜的思想史傳統簡單化的風險，但如果我們說二次大戰後的自由主義思想家和他們反覆引證的貢斯當、托克維爾的歷史境遇有很大的相似性，或者並非牽強附會。先來看貢斯當。

貢斯當的社會和政治思想可以看作是對盧梭著作的一種持續不斷的評注，法國大革命的經驗已經使平民政府受到了懷疑，貢斯當試圖問答的問題包括：大革命何以蛻化爲恐怖統治？爲公意觀念組成部分的公民品德是否符合近代基督教的意念？對古代城邦制的傾慕和對社會契約式政治參與的維護是否使盧梭誤入歧途？貢斯當在1819年發表的著名講演〈古代人的自由與現代人的自由之比較〉(De le Liberté des anciens comparée à celle des moderns）正是用來回答這些問題的。[4]

在講演一開始，貢斯當即提出，區分兩種自由類型具有兩方面的意義。首先，兩種類型的自由的混淆是大革命時期許多罪惡的肇因；其次，區分兩種自由能使我們明白「爲什麼這種我們今天賴以庇護自由與和平的唯一的政府形式卻全然不爲古代民族所知。」貢斯當這裡指的是代議制的政府形式，在他看來，法國大革命的後果正呼籲我們享受代議制政府的好處。

依照貢斯當對兩種自由的區分，古代自由的依據只是公民資格，即參加以辯論和公共決策爲職能的議事會的權利，「古代人的自由在於以集體的方式直接行使完整主權的若干部分，他們並承認個人對社群權威的完全服從是和這種集體性自由相容的。」這是由於古代的共和國都局限於狹小的領土上，加以貿易不發達而奴隸制度則爲自由人提供了閑暇，因之，古代人生活的主要內容是公共生活。但古代人在公共事務中幾乎永遠是主權者的同時，在所有私人關係中卻都是奴隸，這是由於古代的自由概念沒有將公共生活和私人生活區分開來，因此也沒有給個人的權利留下餘地，雅典文明那種奔放的「『個人主義精神』與貢斯當念念不忘的對作為一個人的個人的尊重，有著很大差別。」[5]其原因即在於希臘的個人主義精神缺乏合法的私人生活領域的觀念。但有意思的是，由於在古代，每個人分享主權並不像今天那樣是一個抽象的假定，而是現實的制度，行使公民權利幾乎是古代人唯一的職業和真實的、不斷重複的樂趣，因此，每個人都因為自己的投票具有價值而自豪，他們從這種個人重要性的感覺中發現巨大的補償。

現代社會則為我們提供了一幅全然不同的景象：國家規模的擴大導致每個人分享的政治重要性相應降低，奴隸制的廢除和商業的興起剝奪了人們生活中的所有閑暇和無所事事的間歇，最後，商業激發了人們對個人獨立的摯愛。在這樣的歷史條件下，「我們已經不再欣賞古代人的自由了，那種自由表現爲積極而持續地參與集體權力。我們的自由必須是由和平的享受與私人的獨立構成的。」法律面前的人人平等及其賦予個人確定並追求自身利益的自由，創造了近代歐洲那種迥然不同的社會和倫理環境。相應地，現代人的自由首先表現爲現代人享有一系列受法律保障的、不受政府干預的個人權利；公民權的淡化則意味著古代那種人民直接參與政治生活的情形將被減少到最低程度。這就與貢斯當在演講一開始提出的關於代議制政府的問題聯繫在一起了。

貢斯當注意到這樣一個有趣的悖論：盧梭和雅各賓黨人企圖摧毀所有舊觀念、舊制度，建立全新的制度、法律和道德，但其實質卻是「把屬於另一世紀的社會權力與集體性主權移植到現代。」正是這種「聖茹斯特的幻覺」爲多種類型的暴政提供了致命的藉口。[6]

貢斯當從法國大革命的實踐中認識到，人民主權的原則可能會走向反面，即爲前所未有的暴政舖平道路。因此，必須區分政治權力的權限與政治權力的歸屬及行使這樣兩個問題。「人民主權所涉及的僅僅是政治權力的歸屬及行使方式，而絕不在任何意義上使政府能夠合法地享有更大的權力。」[7]而盧梭著名的「人們在服從主權時，實質上只是服從自己」的理想主義的「公意說」(或「全意志說」)則把上述兩方面的問題混爲一談了。

貢斯當尖銳地指出，盧梭在討論主權問題時忘記了一個最基本的道理：抽象的主權者本身是無法行使具體的權力的，權力必須交由代理人來行使。這就是說，一當公意透過外化的方式表達出來時，必然失卻盧梭賦予它的理想主義色彩。正是在這個意義上，貢斯當強調，任何由個人行使的權力都不應是絕對的。

「自由主義是在汲取了早先的雅各賓主義教訓之後才被歐洲大陸接受並顯示出最佳效果的」[8]，在這一發展過程中，貢斯當居功至偉。就貢斯當主張從立憲分權制衡的角度對政府權力加以限制，明確劃定政府權限的範圍以及個人在社會中不可侵犯的權利的思想 趨向而言，貢斯當繼承了孟德斯鳩的政治思想而成爲自由立憲主義的重要代表。就從「民主」發展爲「自由主義的民主」和「自由主義」發展成「民主的自由主義」而言，貢斯當不愧爲托克維爾的思想之師。在托克維爾對多數暴政的分析，對多元主義的謳歌和對個人自由的倡導中，均可以看出貢斯當思想的影子。

如同在宗教觀上既反對十八世紀的唯物主義，也反對復辟時代極端保王派的宗教狂熱一樣，貢斯當的政治思想也是在與盧梭和柏克兩面作戰。貢斯當在讀到柏克於 1790 年出版的《法國大革命反思》後直截了當地指出，「該書的荒謬之處比該書的字數還多。」[9] 要言之，柏克和梅斯特爾對法國大革命的批判是保守主義的，而非自由主義的。而在貢斯當看來，「個人自由是真正的現代自由。政治自由是對個人自由的保障」。貢斯當在其演講結束處呼籲「我們學會將兩種自由結合在一起。」但在貢斯當那裡，熱衷於維護個人自主使他即使沒有忽略也是低估了盧梭所強調的政治參與的道德潛能。[10] 儘管貢斯當反覆表示他並不想與詆毀盧梭的人爲伍，但實際上，貢斯當之引起柏林擊節稱賞之處更多的亦正在於對盧梭人民主權理論可能導致實際政制中的專制主義傾向的揭發以及他對僭主政治（usurpation）這種較早形式的極權主義的批判。

在二次大戰以後那種特殊的政治氛圍中，柏林把貢斯當列爲「最清晰地闡述了兩種自由之衝突」的思想家，並對貢斯當在1819年提出的兩種自由類型進行重新定義，〈自由的兩種概念〉成爲一篇貨真價實的「自由主義宣言」。[11]

柏林所謂消極自由，大致相當於貢斯當所謂的現代自由，自由的這種含義來自對一個或一群人在不受他人干涉和強迫的情況下從事活動的那一空間的尋求。用柏林自己的話來說，「在沒有其他人或群體干涉我的行動程度之內，我是自由的。在這個意義下，政治自由只是指一個人能夠不受別人阻擾而逕自行動的範圍。」柏林把消極自由理解爲與針對以下這個問題所提出的解答有關：「在什麼樣的限度以內，某一個主體（一個人或一群人），可以，或應當被允許，做他所能做的事，或成爲他所能成爲的角色，而不受別人的干涉？」柏林後來又通俗地把它簡化成：「有多少扇門是向我敞開的。」[12]「哪些前景是向我開放的，開放的程度有多大」？

概而言之，消極自由具有以下特徵：(1)「和強制行爲相反的不干涉，雖然不是唯一的善，但就它不阻遏人類欲望而言，它卻是好的」，這是經典形式的「消極自由」概念；(2)這種自由是一個近代概念。在古代，我們似乎看不到任何把個人自由當成是一種有意義的政治理想的主張，而隱私權的意識、個人關係的領域自有其神聖性的意識，是來自於一種晚出的自由概念；(3)「這個意義下的自由，所涉及的主要是『控制的範圍』，而不是它的『來源』問題。」也就是說，這個意義下的自由，和民主或自治沒有什麼關聯，因爲「誰統治我？」和「政府干涉我多少？」是完全不一樣的問題。「積極自由」與「消極自由」的對比正對應於這兩個問題的區別。

柏林把與積極自由相關的問題刻劃爲：「什麼東西、或什麼人，有權控制、或干涉，從而決定某人應該去做這件事，成爲這種人，而不應該去做另一件事，成爲另一種人？」簡單地說，積極自由要回答的問題是，「這裡誰是主管？」、「誰在控制？」

積極自由的要求產生於 「每個人都想成爲自己的主人，都要自我導向、自我實現的那種願望。」 相應地，積極自由包括以下三方面的內涵：(1)自由不僅僅是缺乏外在干預的狀態，而同時意味著以某種方式行爲的權力或能力；(2)自由是一種理性的自我導向(rational self-direction)；(3)自由還意味著集體自治，每個人都透過民主參與的方式控制自己的命運。

表面上看，以做自己的主人爲要旨的自由，和不讓別人妨礙我的選擇爲要旨的自由，只不過是同一件事的消極的與積極的描述方式而已。柏林的獨具慧眼之處正在於洞察到積極與消極的自由觀在歷史上朝著完全不同的方向發展，終至演變成直接的衝突。這也就是〈自由的兩種概念〉以三倍於消極自由的篇幅去論述積極自由的原因。

首先，針對馬克思主義以及各種社會主義理論的積極自由觀，柏林寫道：「僅僅是沒有能力達成某一目的，並不代表缺乏政治自由」。這是由於柏林堅持認爲，如果我的行爲並不是由於外在力量的阻礙而無法實行，我並不能說我沒有自由，澄清這一點是爲了避免「把用語攪混」。

其次，積極自由的核心是自主（selfmastery），「自主」這一概念的含義是「我是自己的主人」，「我不是任何人的奴隸」，這固然無可厚非，但由於自主的概念往往與「真實的」、「理想的」、「更高的」自我與「虛假的」、「經驗的」、「低級的」自我的區分相關。所謂真實的自我，還可以被看成某種比個人（一般意義下的個人）更廣泛的東西，如部落、種族、教會、國家以及社會整體。而一旦採取這樣的觀點，就有可能忽視人類或社會的實際願望，藉人們的「真實」自我爲名，實行所謂「強迫自由」，因此，認爲自由即自主，暗示自我分裂交戰的積極自由觀念很容易爲極權主義和暴政打開方便之門。

最後，種類紛紜、互相衝突的民族主義、共產主義、權威主義以及極權主義正是積極的「理性解放」(liberation by reason)的社會化形式，而相信自由即理性的自我導向的說辭，因爲假定了「單一而真正的解決之道」的存在，一步一步地從主張「個人責任」與「個人自我追求完美」的倫理學說，轉變成一種主張服從於某些類似於柏拉圖式守護者的「精英分子」(élite)指示的集權國家(authoritarian state)學說。甚至「康德那種嚴格的個人主義，在某些思想家手裡，卻變成了某種幾近純粹極權主義的學說(totalitarian doctrine)」。

這裡就涉及作爲柏林思想另一核心部分的對西方啓蒙和現代性的主流思潮中包含的價值一元論和文化一元論訴求的批判的自由主義的

反啓蒙主義的立場，以及對價值多元性及其不可通約性（the plurality and the imcommensurability of values），和不同文化與文明的多樣性及其不可通約性（the multiplicity and the incommensurability of different cultures and civilizations）的不懈論證。[13]

柏林把他最重要的思想史研究文集命名爲《反潮流》（*Against the Current*），從否定性的方面看亦即就《自由的兩種概念》的主要打擊目標而言，此處所謂潮流，即指以專制、寡頭統治、多數制，或者是以極權主義形式出現的各種獨裁制度，而其實質仍然是貫串於二千年來西方思想傳統中的對多元的恐懼、對差異的恐懼、對不確定的恐懼、對不和諧的恐懼，這種恐懼反過來表現爲對一元的尋求、對同一性的尋求、對確定性的尋求、對最終和諧、完美整體和最終解決的尋求。柏林認爲所有這些見解在某一論點上，都具有柏拉圖式的理想，第一、有如在科學研究中，一切真正問題只能有一個而且僅僅有一個正確的答案，所有其他的答案必然是錯誤的；第二，一定有一條通向發現這些真理的可靠之路；第三，找到的正確答案，必然相容，構成整體，因爲真理和真理不可能相互排斥和衝突。[14] 由對這種立場的尖銳批判出發，柏林的反啓蒙主義的自由主義必然反對啓蒙運動中的普遍理性的觀念。

從肯定的方面來看，柏林之放棄哲學，致力於思想史的研究，其用意和歸趣正在於從馬基維利和那些對啓蒙運動進行批判的非自由派的浪漫主義思想中發現價值多元論，後者與人們可以在自由派的啓蒙運動思想中發現的其他理念相比，正是自由觀念的一大強有力的思想支柱。

柏林視馬基維利爲突破西方價值一元論傳統的第一人。對於馬基維利，柏林關注的並非《君主論》中有關權力的技巧，而是關於基督教品德與復興羅馬共和國所需要的政治品德的不相容性，馬基維利使柏林認識到，「人類現在及過去追求的最高道德價值，並非必定都是能相容的，這一認識逐漸損害我較早建立在

『永恆哲學』基礎上的設想，以爲在真正目的之間，在人生核心問題的答案之間，不可能存在任何衝突。」[15]

維柯（Giambattista Vico）的《新科學》則把馬基維利對「道德和宗教」的差異性和多元性的觀點發展成關於「文明形式多樣性」的思想，認識到不同文明之間所共有的人類價值極少，而不同文明間的價值觀又如此不同，以致不能在任何最後綜合中加以結合。

隨著維柯《新科學》的出版，不同價值之間不可調和的觀念已變成一種歷史的認識，赫爾德（Jonathan Gottrfried von Herder）的「反啓蒙主義」更進一步，把各種文明、文化表現出來的特性看作是多元主義的突出表現。赫爾德拒絕把理性的標準作爲衡量每一個社會的唯一標準，他要求根據每個社會「自身的內部標準」對該社會作出判斷。在赫爾德看來，「文化的多樣性」表明，藉由共同的語言，透過歷史的記憶、習慣、傳統、情感等紐帶而歸屬於某個社群，是人類的根本需要，並構成相互理解的保障。

透過對從馬基維利到浪漫主義運動的思想史的梳理，柏林指出，「『多元主義』，以及它所蘊含的『消極』自由，是比較真確、比較合乎人性理想的主張，要比那些在大規模的，受控制的權威結構中，尋求階級、民族或全人類『積極』自我作主的理想的人士，所持有的目標，更爲正確、也更合乎人性。」 多元主義可以避免把兩種自由概念混淆起來、拼合到一種唯一的、和諧一致的「理性真理」 中的那種政治和哲學的企圖的危險。因爲多元主義至少承認：人類的目標不只一個，而這些目標也未必都能用同樣的標準加以比較，毋寧說，「我們日常經驗到的世界，是一個使我必須在同樣『終極』的目的，和同樣『絕對』的需求中，有所抉擇的世界，而在這目的和需求中，某一部分的實現，也必然會使其他部分遭受犧牲。其實，人類所以要如此重視 『選擇的自由』(the freedom of choose)的價值，也正因爲人類是處在這樣的情況中。」正因柏林抱持這種徹底的價值多元論，使得他的思想呈現出與韋伯所謂的「價值多神論」或「價值領域中的諸神鬥爭」類似的價值緊張的理智特點和一系列複雜的政治原則和道德情感。

誠然，〈自由的兩種概念〉不是「中性的概念性分析的一次演練，而是一種堅決的、反馬克思主義的政治訊息」，正如柏林在憶及五〇年代的政治氛圍時指出的，其目的是要戳破「史達林主義和共產主義行話中」所特有的「關於真正的自由的那些空談」。「如果說在貢斯當那裡，使『非雅各賓主義的自由思想』重新獲得思想的尊嚴的那種意圖是十分明顯的話，那麼在柏林那裡，以自由主義的消極自由反對共產主義的積極自由的理論的那種意向也同樣十分明顯。」[16]但是，正如柏林後來在談及〈自由的兩種概念〉時指出的，他之所以以三倍於消極自由的篇幅去討論積極自由是因爲積極自由的捍衛者們很少維護個人自由，即便對之加以維護，也是「以其最災難性的形式習慣地使用那些華而不實的論點和變戲法式的方式」；[17]而他之所以被人懷疑爲消極自由辯護，並由此來反對積極自由，是由於他認爲，雖然積極自由是任何有尊嚴的生活所不可少的，但較之消極自由，它更常遭到人們的濫用。「積極自由與消極自由都是真實存在的問題，都是不可逃避的問題。」[18]

一方面，消極自由雖然被理解爲本身即是目的，不能用作實現其他價值的手段，但作爲人們追求的眾多目標之一，它並不排除對其他人權的追求，社會立法、福利國家及社會主義不僅可以被看作是積極自由的發展，也可以從十九世紀下半葉歐洲自由民主主義模式的歷史角度加以看待，另一方面，柏林的多元主義使各種積極的觀念有權把自己確認爲一種自由。

但是，儘管柏林在他的雄文中的一個並沒有引起他的批評者們充分注意的注釋中就指出，「就『自由』一詞的正常意義而言，僅只是『機會選擇』的存在，並不會使我的行爲就此變得自由，雖然這行爲可能是我自願的」；柏林並認爲我所享有的自由程度要取決於下述條件：(1)我所擁有的「可能機會」有多少；(2)這些機會實現的難易程度；(3)就我本身所擁有的個性與現實的情況而言，這樣的機會互相比較起來，在我的生活計劃中的重要程度如何；(4)人們故意以人爲力量來開放，或關閉這些機會的程度有多大；(5)行爲者本身，以及他所存在的那個社會裡，一個人對不同的機會，所做的評價如何。儘管柏林在他的雄文的第六節「地位之追求」中謹慎地把對追求「地位」與「認可」的欲望這種「社會自由」(social freedom)與追求「消極的」或「積極的」個人自由的欲望區別開來，但由於柏林的文化多元論十分重視在赫爾德那裡發現的人類對於歸屬的需要，柏林的一個學生，以色列學者塔密爾(Yael Tamir)還把群體認同或民族認同提升到人性論和哲學人類學的高度來論述，把社群歸屬(communal affililation)當作基本人性之一，[19]可是社群主義者仍然把他們的批判矛頭指向了柏林的消極自由觀。

二、自由主義還是共和主義

由於共和主義（republicanism）的理想包含了積極自由的許多核心要素（如參與自治），因此對共和主義頗爲嚮往的如桑德爾、泰勒這樣的社群主義者必然要對自由主義者的消極自由觀念進行批評，但這種批評的一個本質的方面應該是與柏林相對闡明的兩種自由相聯繫，泰勒在柏林紀念文集《自由的理想》（*The Idea of Freedom*）上發表的〈消極自由怎麼了？〉（What's Wrong with Negative Liberty）一文中就做了這樣的工作。

泰勒首先肯定柏林對兩種自由的區分具有無可爭辯的重要性，因爲在西方文明中確實有這樣兩種不同的自由傳統。消極自由即是個人免於被他人干涉的自由，這裡的他人可以包括政府、團體和個人。積極自由論者則主張在對公共生活的集體控制中，也至少存在部分的自由。

但是，泰勒認爲消極自由論者和積極自由論者在論戰中都走向了某種極端，消極自由論者指控積極自由論者否定在階級社會中存在真正的自由，而爲進入一個無階級的社會，一個人可以被強迫獲得自由，由此必然導致極權主義和暴政。另一方面，如霍布斯和邊沁者則把自由簡單地等同於外在的物理阻礙或法律阻礙付之闕如的一種狀態，這種被泰勒稱爲「頑固的立場」(the tough-minded version) 認爲如意識匱乏、虛假意識、抑制等內在因素，是與自由的爭論毫不相干的，他們把虛假意識導致較少的自由的說法視作對語詞的濫用。

耐人尋味的是，在消極自由和積極自由的兩種極端立場之間，又有某種不對稱性，這就是說，「強迫自由」(forced-to-be-free) 是積極自由的反對者試圖強加給積極自由倡導者的罪名，而消極自由論者自己卻樂於採納那種極端的霍布斯主義的立場。[20] 泰勒認爲，這就是柏林在他的雄文中以贊同的口吻援引霍布斯和邊沁的原因。泰勒的文章就是要化解這種弔詭的現象。

泰勒認爲，要做到這一點，就需要以一種與柏林不同的方式規定積極自由和消極自由的差別。在泰勒看來，我們可以把積極自由理解爲一種「運用性概念」(an exercise-concept)，而把消極自由理解爲一種「機會性概念」(an opportunity-concept)[21]。

所謂運用性概念，就是把自由理解爲本質上包含了對控制個人生活的能力的運用的概念，根據這種理解，一個人的自由程度視他有效地規定自己及其生活方式的程度而定。所謂機會性概念，就是把自由理解爲與「什麼是我們可以做的，什麼是我們可以選擇的，以及我們是否進行這種選擇」相關的概念，這就是說，自由在於沒有障礙，沒有障礙是自由的充分條件。

但是，關鍵之點在於一旦我們承認消極自由亦包括關於自我實現的某種概念，那麼說消極自由必然依賴於前面那種機會性概念就大成問題了。如果一個人被認爲是自由的，這必然包括某種程度的運用性概念。具體來說，如果我們把內在的因素當作與外在的因素一樣是自由的障礙，那麼沒有某種程度的自我實現，我們就將不能克服這種內在的障礙。

進一步，即使說消極自由既可建立在機會性概念亦可建立在運用性概念上，那麼這對積極自由肯定不是真的，因爲把自由理解爲至少部分包含集體性自治的觀點從根本上就是建立在運用性概念的基礎上的。如果堅持如霍布斯那樣的「頑固性立場」，只承認機會性概念的自由，那就沒有給積極自由的成長留下任何餘地。

誠然，消極自由似乎比積極自由更明顯地依賴於我們的常識和直覺，這種直覺就是自由常常是與我們做某事或其它的事的能力以及沒有這樣做的障礙相關的。而且，把這種自由觀當作防止極權主義威脅的最後一道防線也是頗爲謹慎的，但問題是，這道「馬其諾防線」（Maginot Line）最後能否守住？泰勒的回答是否定的。

泰勒認爲，自由的機會性概念的優點是它的簡單性，自由的運用性概念則要求我們對動機進行區分。一旦我們接受了自我實現的觀念和自由的運用性概念，一個人能做他想要做的就不再是我們可判定他自由的充分條件了，因爲這種觀念給人的動機附加了條件，只有做我們真正想做的，只有符合我們真正的意志，只有滿足我們的本真的欲望才是自我實現，從而才是自由的。凡此似乎暗示了個人並不一定是判定他是否真正自由的最後權威，也正是這一點引起消極自由論者的警戒。但在泰勒看來，一方面，由於存在著辨別本真性欲望的遠爲廣泛的基礎，運用性概念並不一定要依賴於關於高級自我和低級自我的形而上學教條；另一方面，由於一種不包含對動機進行某些質的區分的自由概念是站不住腳的，因此，消極自由論者的「馬其諾防線」仍然是守不住的。

首先，即使我們把自由僅僅理解爲外在障礙的不存在，這也仍然要求我們根據對自由的影響的嚴重程度把不同的障礙加以區分，而這種區分只有相對於我們認爲某些目標和行爲比另一些更有意義、更爲重要這樣的背景理解才能作出。但是，一旦我們需要求助於「意義」（significance，或重要性）概念就意味著我們必然要超越只允許純粹量化的判斷，沒有給「意義」概念留下位置的霍布斯主義的概念圖式，自由就不再只是外在障礙付之闕如的一種狀態，而應該是對有意義的行爲的障礙付之闕如的一種狀態。這是因爲人是一種目的性的存在物，我們對較爲重要的自由和較爲次要的自由進行區分是建立在對人的目的進行區分的基礎上的。

其次，即使我們把霍布斯主義對自由的理解修改成對我本真的欲望的內在的或外在的障礙付之闕如的一種狀態，「馬其諾防線」也仍然是守不住的。消極自由的辯護者作出這種折衷和讓步的目的是想排除對何謂我的本真欲望的外在的仲裁者。他們的方法是把我們的感覺（feelings）完全理解成動物性的事實。但實際上，我們的感覺都是承載著特定的意義的，這就是爲什麼羞恥和害怕是不適當的甚至非理性的，而疼痛和顫抖則不然的原因。泰勒把這種情形稱作「歸屬意義」(import-attributing)[22]。而一旦承認我們的情感生活大部分是由歸屬了意義的欲望和感覺組成的，就必須承認在對所謂本真的欲望的體驗上我們是會犯錯誤的。

在泰勒看來，消極自由論者對積極自由的那種極端的指控至少低估了古典共和主義傳統的意義，對這種傳統來說，公民自治本身就具有積極的價值而不僅僅只有工具性的意義，托克維爾和《代議制政府》(*On Representative Government*)時期的彌勒也可以包括在這種傳統之中，這種傳統並不必然導致強迫自由那種可怕的教條。

反過來，極端的消極自由論者本身的主張忽視了後浪漫時代關於每個人的自我實現形式對於他或她具有獨特的意義這種觀念，正是後者是對作爲個人獨立性的自由觀念的現代辯護中最強有力的因素。《論自由》時期的彌勒爲這種個人自由觀念進行了有力的辯護。但是，一旦我們承認自由應當包括任何如根據我自身的方式自我完成（self-fulfilment）、自我實現這樣的因素，那麼很顯然內在的原因會如同外在的障礙一樣妨礙我們實現自由，而承認這一點是同如霍布斯和邊沁那種「頑固的立場」相矛盾的。

那麼，泰勒對兩種自由概念的梳理具有什麼樣的制度實踐的含義？在進一步討論泰勒的相關理論之前，先讓我們來考察一下桑德爾的「共和主義論題」。

桑德爾在 1996 年發表的新著《民主的不滿：美國對公共哲學的探求》（*Democracy's Discontent: America in Search of A Public Philosophy*）一書中，試圖在重新燃起人們對共和主義的熱情的同時抑制人們對自由主義的熱情。

照桑德爾的看法，根本的理想就是與自由主義的自由相區別的共和主義的自由。桑德爾追隨共和主義理想的「強硬的說法」（strong version），照這種說法，自由本質上或內在地要求參與自治，「共和主義政治理論教導說，自由即是參與治理一個控制其自身命運的政治社群。」[23] 而按照共和主義理想的「適中的說法」（modest verison），自治和自由之間的關係是工具性的而非定義性的。這種適中的說法同意強硬的說法，認爲即使自治和自由之間的關係是工具性的，但仍然是內在的而言，桑德爾也贊同適中的說法。但桑德爾似乎沒有清楚地說明內在關係究竟是怎麼樣的。

進一步，什麼是對好的社會的共和主義觀念這種作爲自治的共和對其成員的要求？「共和主義理論並不採取人們現成的偏好並試圖去滿足他們，不管這種偏好可能是什麼。它轉而尋求培養對自治的共同善是必要的品質。」[24] 即那些對人們就共同善進行的富有成果的協商並幫助塑造社會命運是必要的品質，這些品質包括對公共事務和歸屬感的知識，對與社群的整體的道德結合的關心。

最後，什麼樣的制度和綱領能使這種德性

得到培育並使共和主義的理想得到促進和發揚？這種制度不應該是侵略性的和均質化的。桑德爾眼中的共和主義英雄是托克維爾而不是盧梭，「與盧梭單一的、整體的觀點不同，托克維爾描述的共和主義政治是吵鬧的而不是交感的(consensual)。它並不輕視差異，它並不瓦解人和人之間的空間，而是在這種空間中充滿使不同能力的人集中到一起的公共機構，它既把人們分開又把他們聯繫起來。這些機構包括教區、學校、宗教以及民主的共和制所要求的形成『精神氣質』和『心靈習性』的維持著德性的職業。」[25]

值得注意的是，桑德爾對共和主義的讚美並不意味著他要放棄個人權利，毋寧說，是爲個人權利提供新的基礎；他贊同更大規模的平等，「共和主義的傳統教導我們，由於敗壞了富人和窮人的品質，毀滅了自治所必要的共同性（ commonality ），嚴重的不平等削弱了自由的基礎。」[26]

歸結起來，桑德爾的近著的宗旨在於闡明

應當放棄構成美國流行的公共哲學的自由主義，信奉出現在他的敘事中的共和主義。但有意思的是，桑德爾的這一主張仍然更多地是透過揭示自由主義的弱點而不是共和主義的優點來得到闡明的。桑德爾考察了對當代自由主義的三種辯護形式：功利主義的辯護，康德主義的辯護以及基於最低的、實用的基礎上的辯護。在他看來，功利主義不尊重人和人之間的差異；康德主義不能證明對特殊的自治體的依戀的正當性；而實用的解決常常不能簡單地得到，道德的和宗教的信仰常常不能被置之不顧，否則就會侵蝕道德和公民意識這些對自治是必要的資源。

正如培迪特（P. Pettit）在爲桑德爾的新著所寫的長篇書評中指出的：「自由主義的自由存在於對一個微小的領域的幾乎是總體性的控制，而共和主義的自由存在於對一個總體性領域（即每個人所做的）的一種微小程度的控制。」[27]應該說作爲權利自由主義批評家的社群主義者的桑德爾，對共和主義的理想抱有懷念和讚美之情似乎是順理成章的。確實，桑德爾追隨鄂蘭的新雅典主義道路，在他看來，共和主義的自由即在於參與治理一個控制其自身命運的政治社群，他認爲亞里士多德和鄂蘭是這種觀點的源泉。

儘管鄂蘭拒絕假設一個有實質內容的人性概念，但是，刻劃鄂蘭理想中的積極生活（vita activa）和公共領域的亞里士多德的城邦政治學內在地包含了一個德性理論；那麼，桑德爾又如何來解說共和主義的自由、共和主義的制度及支持這種制度的公民德性的關係呢？僅僅說自治和自由具有內在的聯繫是遠遠不夠的。事實上，桑德爾沒有能夠成功地說明自治的理想如何才能具體落實，特別是在當今美國這樣複雜而又巨大的社會？他沒有能夠說明自治怎樣才能有效地反對傑佛遜（Thomas Jefferson）所擔心的「多數的暴政」（the tyranny of the majority）。當他說共和主義的自由和自治要求公民美德作爲支持時，他故意對這種美德的內容三緘其口，這反過來又使得這種自由和美德要去支持的制度的性質變得含混模糊。

我們將會看到，這種類似的含混性似乎同樣表現在泰勒的理論中。

在晚近發表的〈答非所問：自由主義一社群主義之爭〉（Cross-Purpose: The Liberal-Communitarian Debate, 1989）一文中，泰勒認爲，在當代政治哲學中，以羅爾斯、德沃金、納格爾（Thomas Nagel）、斯坎倫（T. M. Scanlon）爲一方的自由主義和以麥金太爾、桑德爾和華爾澤爲另一方的社群主義之間的爭論，乃基於一種真正的差別之上。但是，在這場爭論中存在著大量答非所問的現象和顯而易見的混淆。其原因就在於沒有清醒地意識到本體論論題（ontological issues）和辯護論題（advocacy issues）的差別。

所謂本體論論題關心的是我們解釋社會生活時包含的要素，用抽象的術語來說，即什麼是解釋的秩序中終極（ultimate）的東西。在這個層面上產生的是原子論者和整體論者（holists）的對立。

辯護論題關心的則是道德立場和政策選擇，在這一層面上產生的是個人主義者和集體主義者（collectivist）的對立。當然，任何精神健全的沒有意識形態狂熱的人都會採取某種中間立場，但在德沃金支持的中立性的自由主義和泰勒為之辯護的民主社會需要某種對好生活的共同接受的定義的立場之間確實存在重大的差別。

問題在於，這兩種論題並沒有嚴格的對應關係，也就是說，採納某一論題並不必然需要接受另一論題。正由於對兩者之間的複雜關係沒有充分領會，桑德爾的《自由主義和正義的局限》這樣一部社會本體論的著作被自由主義者誤讀為辯護性的。而在泰勒看來，桑德爾自己對美國未來社會的規範性陳述是更多地表現在他後來發表的一系列關於美國政制自我理解的論文和著作中的。當然，弄清桑德爾的本體論觀點有助於了解他所辯護的真實的立場，但混淆這兩者只會使問題永遠得不到解決。事實上，本體論立場不等於對某種東西的辯護，如果要把這種純本體論的論題發展成辯護性的，還需要規範的、深思熟慮的論證。

泰勒認爲，造成這種混淆的一個重要原因是由暗示似乎只有一個論題的“Liberal”和“Communitarian”這兩個混成詞引起的。思想史的實際情況是，既可以有諾錫克那樣的原子論的個人主義者和馬克思那樣整體論的集體主義者，也可以有洪堡那樣的整體論的個人主義者和史金納（B. F. Skinner）那種稀奇古怪的原子論的集體主義者。

在泰勒看來，擺脫這種困境的一個辦法是把我們的注意力集中到程序性自由主義（procedural liberalism）和公民人文主義傳統（civic-humanist-tradition）的區別上來。根據後一種傳統，「自由」不是按照現代意義上的消極自由來理解的，而是作爲「專制」（despotic）的反義詞來理解的。這種傳統更加關心自由的條件、培育參與性制度的政治文化的條件。就其把自由的本質定義爲參與與自治，又可稱爲「共和主義論題」（Republican Thesis），馬基維利、孟德斯鳩和托克維爾是這種傳統的代表。在「雅各賓」觀念吸收政治自由的共和政體論傳統，但卻利用其抑制公民社會之處，在「消極的」自由主義者全然貶低政治自由的價值之外，「十九世紀最偉大的孟德斯鳩的信徒」托克維爾「重新系統地闡述了分權背景下的共和主義自由理想」。[28] 按照托克維爾，自由是一個多層面的概念，它包括個人權利、公民管理自己的權利、尊重法律的命令以及由宗教教義贊同的一種做好事的責任。顯然，「自由的這些不同含義大大超越了純粹的理性主義概念。」[29]

鑑於自由主義傳統的複雜性，又鑑於托克維爾在這種傳統中的地位的曖昧性，對托克維爾的反覆徵引毋寧說是充分地表明了泰勒對自由主義基本理念的依違其間的態度。[30] 但是，儘管在〈答非所問〉一文中，泰勒拒絕抽象的討論兩種模式孰優孰劣的問題，非此即彼的抽象選擇使得馬克思早先的信徒往往轉變成海耶克的狂熱追隨者，「問題必須在每個社會的傳統和文化中得到具體化」。[31] 事實上，就其與共和主義的親和性而言，包括泰勒在內的社群主義者是把自己放在了程序性自由主義的對立面，從而以某種誇張的形式把消極自由和積極自由這兩種傳統的對立理解為自由主義—社群主義之爭的實質，而哈伯瑪斯的程序主義政治觀正是對當代政治理論中的上述對峙的一種獨特的回應。

三、程序主義政治觀

哈伯瑪斯把自由主義和共和主義之爭中包含的現代人的自由或消極自由與古代人的自由或積極自由的爭論表徵為其內涵為私域自主（private autonomy）和公域自主（public autonomy）之爭的人權（human rights）和人民主權（popular sovereignty）這兩個西方立憲民主制度的基本觀念之間的爭論。事實上，闡明在立憲國家中法治與民主的內在關聯從而揚棄上述對峙正是堪稱哈伯瑪斯晚年定論的《事實與有效性》(*Faktizität und Geltung: Beiträgezur Diskurstheorie des Rechts und des demokratischen Rechtsstaats*, 1992)一書的中心論題。[32]

要闡明法治與民主的內在聯繫，須先界定法與道德的相互關係。

照哈伯瑪斯看，現代法律體系是依據個人權利而建立的，與道德領域中權利和義務的固有平衡相較，「法人」(legal person)和「法律社群」(legal community)這些現代概念說明了法律領域中權利對義務的基本概念上的優先性。這就是說，法律義務是資格(entitlements)的產物，它們只來自對個人自由的法定約束。相應地，道德世界在社會空間和歷史空間上是沒有限制的，道德本身把保護範圍擴展到充分個體化的人的整體性(Einzelner)，而在空間和時間上通常是地方性的法律社群則只有在其成員獲得「權利承擔者」(right-bearer)這一人爲身分時，才保護他們的完整性。因此「法律和道德的關係更多地是一種互補關係，而非從屬關係。」[33]

如果我們比較法律和道德的相對界域，同樣能夠得出 「法律最好被理解成爲一種對道德的功能性替補」這樣的結論。一方面，法律調節只涉及外在的方面即強制的行爲，另一方面，法律作爲政治的組織形式要達到政治目標和政治使命。因此，法律管轄不僅涉及狹義的道德問題，而且涉及實際的和倫理的問題。相應地，正當立法實踐依賴於商談（discourse）和討價還價這樣複雜的網絡，而不僅僅是道德商談。

另外，從法律和道德的內涵來看，法律與道德一樣被認爲是用來平等地保護所有人的自主性的，但是，法律的實定特徵迫使（人的）自主法以特殊的方式分裂，法律領域中包含制定（和裁定）法律的人與從屬於既定法律的受眾這二種角色，使得在道德領域是「整體性的自主」在法律領域以二元形式出現：私域自主和公域自主。

正基於對法和道德關係的這樣一種認識，

哈伯瑪斯必然要反對自然法關於依據不同層次的尊嚴而形成的法律等級體系的觀念，也就是說，實定法（positive law）不能透過把自己歸屬於較高的道德法確立自身的合法性。對合法性問題的重新思考內含著這樣的理論要求，即一種形式的自主並不貶損另一種形式的自主，甚至相互以對方爲前提條件。

哈伯瑪斯注意到，現代自然法理論正是透過訴諸人民主權和人權這兩個原則來回答合法性問題的。人民主權的原則表述在確保公民的公域自主的溝通和參與的權利之中，由人權保障的法治則表現於維護社會成員的私域自主的那些傳統的基本權利之中。但是，哈伯瑪斯尖銳地指出，政治哲學從未能在人民主權和人權之間或「古代人的自由」與「現代人的自由」之間達到平衡，甚至使之成了「一場未得解決的競爭」。來自亞里斯多德和文藝復興時期政治人文主義的共和主義，一直強調公民的公域自主優於私人的前政治自由（prepolitical liberties），而源自洛克的自由主義則昭揭多數暴政的危險、主張人權的優先地位，從而使得公域自主和私域自主這兩種觀念之間直觀上可能存在的共爲基原（co-originality）的關係失之路野。[34]哈伯瑪斯正是基於他的交往行動理論（theory of communicative action）和商談倫理學（discourse ethics）在新的水準上闡明了公域自主和私域自主的共爲基原的關係，從而以他獨創的程序主義政治觀（民主觀）揚棄了自由主義和共和主義這兩種互競的政治哲學模式。

按照哈伯瑪斯的商談原則，「只有當一項規則影響所及的所有人在參與理性的對話後同意此一規則，它才可以聲稱具有合法性。」[35]而作爲現代法的基礎的普遍主義的道德原則，如正義、平等、自由、以理由爲基礎的共識等等，歸根結柢是人類交往行動的必然預設。這就是說，爲法律的合法性奠定基礎的商談原則是在概念上優先於法和道德的區分的。只有基於這樣的原則，才能避免孿生的陷阱（twin pitfalls），即既不把法從屬於道德，又不把它混同於一個社群對於好的生活的共享的價值和傳統的維護。

具體地說，當公民依據商談原則來判定所制定的法律是否合法時，他們是在溝通交往的預設下這樣做的。一方面，這些預設本身必須以公民權的形式合法地加以制度化，另一方面，公民的公域自主或政治自主是作爲立法者的一員參與立法，而這種立法權的行使又必須借助於法律的媒介。進一步，這種法律的媒介又以一自主意義上的法人爲前提，「沒有法人的私域自主便不存在法律」，而法人作爲個人權利的承擔者歸屬於公民的志願結社，在必要時它會有效地申張其權利。因此，「私域自主和公域自主相互以對方爲前提條件，無論是人權，抑或人民主權都不可宣稱自己對他方的優先性……一方面，只有公民在私域自主受到平等的保護的基礎上充分獨立時，他們才能夠適當地利用其公域自主；另一方面，只有在（作爲有普通權的公民）恰當地運用政治自主時，他們才能在私域自主方面達成雙方同意的調節。」

基於這種全新的概念框架，哈伯瑪斯提出，如果公民想要運用合法的實定法調節他們的生活，私域自主和公域自主的內在聯繫就會要求公民承認一組抽象權利，這一權利系統還是把法和政治中的商談的民主過程制度化的普遍必要條件。這一系統包括五大類，前三類是基本的消極自由權（basic negative liberties）、成員資格權利（membership rights）、正當程序權利（due-process rights）[36]，這三者用來保護個人自由選擇和私域自主；第四類即政治參與的權利用來保護公域自言；第五類是社會福利權利。在前四類權利中，哈伯瑪斯強調的是前三類與第四類都是不可或缺的，並且不能相互化約：沒有前三類權利，就將失卻私域自主，而沒有第四類權利，保護私域自主的法和權利將會變成僅僅是家長式的強加而不是自主的表現。對第五類權利，哈伯瑪斯強調，只是在公民和政治權利的有效運用依賴於一定的社會和物質條件的範圍內，這類權利才成爲必要。[37]

集中起來說，按照哈伯瑪斯的程序主義的政治觀，人民主權和個人權利這兩個觀念是互相預設的，互爲補充的。一方面，個人的權利和自由是人民公開地參與公共輿論和意志形成過程的法律前提；另一方面，人們對這種權利和自由的理解本身也只有通過公共領域中的合理商談才能獲得合理的辯護、澄清和改進。如果說哈伯瑪斯強調透過公共討論重新理解人權的內容的權利理論特別是其中包含的對女權主義的分析主要關注的是自由主義和福利國家政策之間的對立，[38] 那麼在《事實與有效性》出版兩年後發表的〈民主的三個規範性模式〉一文則將其關注的焦點集中到自由主義和共和主義的對立，由於此文處處以這種對立爲背景而展開，使哈伯瑪斯本人的論旨呈現出在他的幾乎所有著述中都十分罕見的明晰和顯豁，而又由於其廣泛和深刻的內涵性，此文堪稱《事實與有效性》的中心論旨的速寫。

要言之，哈伯瑪斯此文的目標在於闡述程序主義的民主（商談性政治）觀以揚棄自由主義和共和主義這兩種主要的政治哲學傳統。

以洛克為代表的自由主義認為，民主過程的任務是按社會的利益來規劃政府，這裡的「政府」和「社會」分別指公共行政機構和不同的私人之間的具有市場結構的互動網絡。根據共和主義的觀點，政治應當比社會和政府之間的中介作用包含更多的內容。毋寧說，政治被理解作實質性的倫理生活反思形式，它對作為整體的社會過程是構成性的。相應地，民主政治是直接實行人民主權的共同體的社會生活本身，而協同性（solidarity）和朝著共同的善成為除國家的等級化調節（行政權力）和市場的非中心化調節（個人利益）之外的第三種社會整合力量。

自由主義和共和主義的上述分歧更為具體地表現在以下問題上：關於公民身分（消極自由還是積極自由？）、關於法的概念（規定「主觀權利」還是確定共同體的自主、協同？）、關於政治過程（市場競爭性的，還是公共交往性的？）。

根據自由主義的觀點，公民的地位首先是根據他們擁有的相對於國家和其他公民的消極權利（negative rights）決定的，法律秩序的關鍵則是使在每個案例中就哪個主體被賦予哪種權利作出決定成爲可能，而在公共領域和議會中的輿論和意志形成的政治過程，是由試圖保持或獲得權力位置的策略地行動的集團的競爭決定的。

根據共和主義的觀點，公民的地位不是由消極自由的模式決定的。毋寧說，政治權利，特別是政治參與和交往的權利被理解爲積極自由；「主觀權利」將其存在歸屬於客觀的法律秩序，後者能夠保證建立在相互尊重基礎上的共同的自主生活的完整性；而出現在公共領域和議會中的政治輿論和意志形成並不遵循市場過程的結構，而是遵循朝著相互理解的公共交往的根深柢固的結構。在公民自我立法的實踐的意義上，政治的範式不是市場而是對話，這種對話觀把政治視作關於價值問題而不僅僅是關於偏好問題的爭論。

從公民身分、法的概念和政治過程三方面對自由主義和共和主義進行比較，十分明顯的是，共和主義模式的優點在於保存了民主的原義，即自治的公民共同地運用的理性的公共使用的制度化。與關於理性的自由主義的懷疑主義形成對照，共和主義相信政治商談的力量。但哈伯瑪斯尖銳地指出，當代的共和主義對公共交往作了社群主義的理解，以爲商談性的民主概念必然與一種具體的、具有實質內容的倫理社群相關，這樣就把政治意志形成過程等同於一種集體認同的澄清過程，即對倫理生活的自我理解過程。與之相對，程序主義民主觀認爲，政治問題不能歸結爲倫理問題，民主不僅涉及倫理問題（什麼是對特定社群來說「好」的生活？），而且涉及實用問題（如何在不同利益和價值之間進行競爭和妥協？），尤其是正義問題（如何從超出特定利益集團和倫理社群的角度來確立符合所有人利益的規範？）。「商談性政治應被理解爲依賴於公平地調節的討價還價過程的網絡以及包括實用的、倫理的和道德的商談的各種不同形式的論證網絡的集合，其中每一種都依賴於不同的交往預設和程序。」[39]

應當注意到，共和主義和社群主義之間並沒有必然的對應關係。如同前章已經揭示的，社群主義和政治實踐含義頗爲曖昧。但在當代政治哲學領域，社群主義主要是與共和主義相連的，其結果是用特定的倫理社群的「在先的共識」，而不是普遍主義的交往行動的形式結構，來說明現行的西方立憲民主制度的合法性。[40]正由於此，當代政治哲學中的社群主義和自由主義之爭是同共和主義和自由主義之爭聯繫在一起的，而哈伯瑪斯所謂程序主義政治觀的目標和歸趣亦可由此見出。

值得補充的是，在國家、社會以及兩者的關係問題上，程序主義政治觀揚棄了以社會爲中心——國家或者是作爲市場——社會之衛士，或者是作爲一種倫理社群的自覺建制——的自由主義和共和主義這兩種模式，轉而把涉及正義問題的商談規則和論辯形式作爲民主政治的核心，而由於商談理論強調憲法與現代道德意識的聯繫，因此它賦予民主過程的規範含義要強於自由主義模式，由於商談理論不把憲法看作是由倫理生活衍生的，因此它賦予民主過程的規範含義又要弱於共和主義，商談理論同時又承認民主政治中的倫理和實用因素。「商談理倫中起作用的是交往過程的更高水準的主體間性，而這一過程是透過議會和公共領域的非正式網絡而來的。」由於用主體間性哲學代替了意識哲學作爲基礎，程序主義政治觀既避免了把社會當作一個能進行公民自決的宏大主體這種過於理想主義的觀點，又避免了將民主理解爲把法律運用於許多孤立的、私人的主體這種過於現實主義的觀點。

與程序主義政治觀聯繫在一起的是非中心化（decentered）的社會圖象，它不再把國家當作社會的中心，而把重點放在公共領域中非正式的輿論形成過程，「它把立憲國家的原則視作對民主的輿論和意志形成所要求的交往形式如何才能建制化這樣的問題的堅定回答，」

「非正式的公共輿論形成產生『影響』，透過政治選舉的渠道，影響轉化成『交往權力』；交往權力透過立法又轉化成『行政權力』。」程序主義政治的社會基礎是既不同於經濟系統，亦不同於行政權力的作爲自主的公共領域的市民社會，一個原則上向所有公民開放的「政治公共領域」是使這一領域中的非正式的公共輿論形成過程，成爲立法機構中的正式的公共意志形成過程之基礎的關鍵；由公共交往產生的輿論不僅僅賦予政治權力以「合法性」，但又不至於「構成」權力，而是使之「合理化」——真正能行動的只能是行政系統，但社會不僅能在事後對它進行監督，而且能在事先給它以公共意志。很顯然，程序主義民主觀表明了在金錢、行政權力和協同性這三種資源間的新的平衡，現代社會正是透過它們滿足其整合的需要的。

質言之，哈伯瑪斯的程序主義政治觀試圖透過闡明人民主權和人權的概念聯繫（互爲前提、互相補充）彌合公域自主和私域自主的外在分裂，揚棄積極自由和消極自由的抽象對峙，推進集體認同的形成過程，從而實現對自由主義和社群主義中的綜合、超越和包容。自由主義重視超越特定社群的普遍原則，這些規則的原型或核心是作爲市場經濟之基礎的那些抽象人權；社群主義重視特定社群的具有特定內容的倫理生活形式和善的觀念，強調現代民族認同，認爲現代民主制度的基礎在於社群成員所共有的這些價值，而不是那些普遍主義的原則。哈伯瑪斯像自由主義那樣強調現代法的普遍向度，像社群主義那樣強調現代法的規範性向度，並進而把自己這種重視現代法的道德向度（普遍主義的規範）的商談倫理的觀點與社群主義所重視的倫理向度（特定社群的自我理解）和自由主義所重視的實用向度（不同利益的平衡協調）結合起來。因此，如果說以涉及全人類的道德（普遍的規則和原則）爲基礎的政治可稱爲「共同性政治」（commonality politics），以涉及某社群的自我理解的倫理（特定的價值和善）爲基礎的政治可稱爲「認同政治」(identity politics)，以不同利益主體之間的平衡和協調爲基礎的政治可稱爲「利益政治」(interest politics)，那麼哈伯瑪斯的程序主義政治(立憲民主政治)則是這三種類型政治的綜合。[41]而集中表述此政治觀從而將其由《公共領域的結構性轉變》所開啓的事業推向頂峰的《事實與有效性》一書，亦被與黑格爾和韋伯(Max Weber)的巨大成就相提並論，被評論者推譽爲其最好的著作。[42]

註　釋

[1] 參見*Thinkers of Twentieth Century: A Biographical and Critical Dictionary* (ST. James Press, 1985), I. Berlin 條目。

[2]David Miller, "Introduction" to *Liberty*, ed. David Miller, Oxford University Prees: 1991, pp.2–6. 參見李強，《自由主義》，頁173－174，中國社會科學出版社，1998。

[3] 參見《布萊克維爾政治學百科全書》，「貢斯當」條目，中國政法大學出版社，1992。

[4] 貢斯當此文已有中譯，載《自由與社群》，頁306–326，生活・讀書・新知三聯書店，1998。以下凡引此文，不再另註。

[5] 薩托利，《民主新論》，頁288，389，東方出版社，1993。

[6] 雅各賓派領袖聖茹斯特（Saint-Just）有一句著名的口號「革命者都應當成為羅馬人」，在關於逮捕丹東的報告中，聖茹斯特極為明確地說：「在羅馬人以後，世界變得空虛了，只有想起羅馬人，世界才充實起來，才能夠再預言自由。」馬克思和恩格斯在他們合作的第一部著作《神聖家族》中寫道：「羅伯斯庇爾、聖茹斯特和他們的黨之

所以滅亡，是因為他們混淆了以眞正的奴隸制為基礎的古代實在論民主共和國和以被解放了的奴隸制即資產階級社會為基礎的現代唯靈論民主代議制共和國家。」見《神聖家族》，頁156，人民出版社，1958。值得一提的是，據俄文轉譯的馬恩著作譯者把「幻覺」譯成「錯誤」，似乎失卻了原文包含的那種「時代錯亂癥」（anachronism）的況味。可參B. Williams的牛津就職講演，Saint-"Just's Illusion", in his *Making Sense of Humanity*, Cambridge University Press, 1995.

[7] 李強，《貢斯當與現代自由主義》，載《自由與社群》，頁294。

[8] 同註5。

[9] 參見甘陽，《自由主義：貴族的還是平民的？》，載《讀書》，1999年第1期。

[10] 同註3。

[11]《自由的兩種概念》原是柏林1958年10月31日在牛津大學社會和政治理論教授就職典禮上發表的演講，同年出版單行本，後又收入柏林的著名文集*Four Essays on Liberty* (Oxford University Press:1969)，陳曉林先生已將此著譯成中文，聯經出版事業公司（臺北），1986。以下凡引此文，不再另註。

[12] 參見柏林與伊朗學人Ramin Jahanbegloo的對談，《以撒・柏林對話錄》，正中書局，1994；轉載於

《萬象譯事》，卷一，遼寧教育出版社，1998。

[13]參見顧昕，〈柏林與自由民族主義思想〉，載《直接民主與間接民主》，生活・讀書・新知三聯書店，1998；甘陽，《柏林與「後自由主義」》，載《讀書》，1998年第4期。

[14]參見柏林，《論追求理想》，譯載《哲學譯叢》，1998年第3期。

[15]同註14。

[16]馬斯泰羅内（主編），《當代歐洲政治思想（1945-1989）》，頁87，90，社會科學文獻出版社, 1996。

[17]同註16。

[18]同註12。

[19]參見前揭顧昕文。

[20]Charles Taylor, "What's Wrong With Negative Liberty", in his *Philosophy and Human Sciences*, Cambridge University Press, 1985, p.213, 224.

[21]同註20。

[22]同註21。

[23]Michael Sandel, *Democracy's Discontent: America in Search of A Public Philosphy*, Cambridge: Harvard University Press, 1996, p25, 274, 320-21, 330.

[24]同註23。

[25]同註23。

[26]同註23。

[27]P. Pettit, Reworking Sandel's Republicanism, in *The*

Journal of Philosophy, Vol. xcv.No.2, 1998.

[28]泰勒，〈公民社會的模式〉，載《國外社會學》，中國社會科學院社會學所，1994年第2期。

[29]詹姆斯. W. 西瑟（James. W. Ceaser），《自由民主與政治學》，頁194，上海人民出版社, 1998。

[30]對泰勒的自由主義批判的一個尖銳的批評，請見劉小楓，〈自由主義，抑或文化民族主義的現代性？〉，載《直接民主與間接民主》，生活·讀書·新知三聯書店，1998。

[31]Charles Taylor, "Cross-Purposes: The Liberal-Communitarian Debate", in *Philosophical Arguments* (Harvard University Press: 1995), p.202.

[32]參見William Rehg, Translator's Introdction of *Between Facts and Norms: Contributions to A Discourse Theory of Law and Democracy*, MIT Press.1996, p.xxiv.

[33]哈貝（伯）馬（瑪）斯，《法治與民主的內在關係》，譯載《中國社會科學季刊》(香港)，1994，秋季卷，總第9期。以下凡引此文（個別譯文稍有更動），不再另註。

[34]參見前揭文及注[32]所及哈伯瑪斯書，頁454。

[35]前揭哈伯瑪斯書，頁107。

[36]哈伯瑪斯對「正當過程的權利」的解釋是，"Basic rights that result immediately from the actionability of rights and from the political autonomous elaboration of individual legal protection"，前揭書，頁122。

[37] 參考註32及William Rehg的*Translator's Introduction*，頁xxvii和哈伯瑪斯本人的闡釋，同書，頁122–123。

[38]「如果權利政治把目光緊盯著保護私人自律，而無視私人的個體權利和參與立法的公民的公共自律之間的內在聯繫，那麼那它將在洛克意義上的自由主義的權利模式和一種目光同樣短淺的社會福利國家的權利典範兩極之間無助地搖擺。」見哈伯瑪斯，〈民主法治國家的承認鬥爭〉，譯載《文化與公共性》，頁344，生活・讀書・新知三聯書店，1998。

[39]J. Habermas, "Three Normative Models of Democracy", 載《中國社會科學季刊》(香港)，1994，夏季卷，總第8期，以下凡引此文，不再另註。

[40] 參見童世駿，〈「填補空區」——從「人學」到「法學」〉，載《中國書評》(95港)，1994，總第2期。

[41] 同註40。

[42] 參見註32所及William Rehg的Translator's Introduction, P.ix; David M. Rasmussen, "How is Valid Law Possible?" in *Philosophy and Social Criticism*, Vol.20 No.4, 1994.

結　語

在黑格爾學派解體半個多世紀後，義大利的新黑格爾主義哲學家克羅齊在1906年撰寫了《黑格爾哲學中的活東西和死東西》（*What is Living and What is Dead of the Philosophy of Hegel*）一書。也許正是受到克羅齊的書名的啓發，牛津政治哲學家約翰·格雷在他於1993年出版的一部文集《後自由主義》（Post-liberalism）中發表了〈自由主義中的死東西和活東西〉（What is Dead and What is Living in Liberalism）一文。

格雷發表其大文的時間距離 1989 年的事變才三、四年，雖然對於 1989 年的歷史解讀仍然眾說紛紜，但要在冷戰剛剛結束的時代氛圍中爲自由主義撰寫墓志銘似乎爲時尚早。儘管如此，格雷仍然振振有辭地指出：如果以個人主義、普遍主義、社會改善論（meliorism，世界向善論）以及平等主義這四要素來概括自由主義的基本理念，那麼十分顯然的是，自由主義政治哲學的所有種類——功利主義、契約論，或作爲一種權利的理論——都未能成功地證明這些理念的正確性。這種失敗的理論意蘊即是各種爲自由主義尋找絕對基礎的努力即所謂「基礎主義的自由主義」（foundationalist liberalism），都已難以成立，自由主義面臨著「後自由主義」的問題，即如何在放棄基礎主義和同一性哲學等西方傳統信念的條件下堅持自由主義。在格雷看來，今天唯一可以辯護的自由主義只能是柏林的自由主義，即立足於徹底多元論立場上的自由主義。[1]

正如本書第三章的分析已經表明的，儘管柏林的消極自由觀念遭到社群主義的激烈批評（姑且不論這其中的曲解成份），但由於柏林秉承維柯與赫爾德的傳統，批判「世界公民主義」(cosmopolitanism)，承認並且尊重個人的民族、社群、文化、傳統和語言的歸屬感，從而使其以文化多元論爲基礎的自由民族主義思想以一種特殊的方式切中了九〇年代政治哲學爭論中的重大主題。這從社群主義的重鎮泰勒在其關於承認的政治的討論中對赫爾德的反復援引即可見出一斑。

但是，正如哈伯瑪斯在評論〈承認的政治〉(The Politicas of Recognition, 1992)一文時指出的，泰勒僅僅從個人的平等權利的法律保護的角度來理解權利自由主義，從而就與程序性自由主義忽視私域自主和公域自主同宗同源一樣，把自主概念一分爲二，而沒有考慮到，「法律的受眾(Adressate des Rechts)要想獲得康德意義上的自律，就應當能夠把自己視爲法律的制定者；而根據所制定的法律，他們又都是私法主體。」[2]在哈伯瑪斯看來，只有賦予主體法人一種主體間的認同，才能避免泰勒的或然性解釋所造成的盲目性。

不過，如同承認的政治是對文化多元主義政治的反應，哈伯瑪斯的程序主義政治觀與羅爾斯的政治自由主義亦都是對當代社會的多元分化和人們在基本的宗教、道德和哲學真理方面的深刻分岐的回應。羅爾斯對「合理的多元主義」和「多元主義本身」進行了區分，並且贊成前者，在他看來，自由主義的民主社會是建立在一套普適性的觀點之上的，這些觀點要求所有人的忠誠。[3]只不過這種所謂普適性觀點得到的支持或者來自於一種共同的政治文化傳統賦予公民共有的政治的正義觀和價值觀，或者來自各種合理的整全性學說的「重疊一致」的聚射點。而在哈伯瑪斯的後形而上學視境中，哲學也不再能夠提供無爭議的、得到合理的辯明的作爲法律規範之實質性基礎的正當道德規範。毋寧說，哲學探究充其量只能勾畫出程序性合理的條件，而只有在這種程序下，規範才能或應當得到處於生活世界的情境中的人們的奠基。這就是說，哈伯瑪斯一方面堅持把所有有關的人在參與了合理的商談之後的同意這一普遍的程序性條件作爲規則（法律）的合法性的基礎；另一方面，又準備把這種合理共識的範圍本身最後縮小到政治商談和談判的程序上。正是在這裡，可以見出哈伯瑪斯的思想與羅爾斯的趨同傾向。

但是，正如哈伯瑪斯著作的主要的英譯者，同時亦是批判理論的有影響的詮釋者和研究者麥卡錫（Thomas McCarthy）在他對羅爾斯和哈伯瑪斯進行比較研究的文章中指出的，[4]如果說哈伯瑪斯的觀點從內部就可以引出羅爾斯的觀點，那麼羅爾斯的觀點卻只能通過從外部補充一個視角才能克服其弱點。這是由於羅爾斯一方面給政治理論家太少的限制，認爲他們不僅可以談論理性之公共運用的形式與程序，而且能夠談論實質性的政治問題；另一方面又基於政治穩定的考慮，對參加實質性政治問題討論的公民規定了太多的限制，如在一個立憲民主國家，公民居然只應該在民間而不應該在競選中、在議會中討論重大問題。而在哈伯瑪斯的理論中，這個問題是只應由公民自己來決定的經驗問題，而不是一個應由哲學家來談論的理論問題。這一切都是由於哈伯瑪斯在研究理性之公共運用的形式方面時採取的是「參與者」的視角，而羅爾斯對穩定的重視則是他採納「觀察者」 視角的結果。羅爾斯只看到兩種可能性：要麼不合理地固執己見，要麼合理地避免申認(claim)真理。哈伯瑪斯則看到了第三種可能性：對「有效性申認」(validity claim)或「真理性申認」(truth claim)的合理的討論。在哈伯瑪斯的程序主義政治觀中，重要的不僅是寬容，而且是商議；不僅是自由，而且是民主。

當然，麥卡錫所論並不意味著哈伯瑪斯的理論是毫無瑕疵的。事實上，已經有論者指出了哈伯瑪斯理論中的某種循環論證的色彩；[5]哈伯瑪斯的一位門生彼特斯(Bernhard Peters)則認爲，哈伯瑪斯在對人民主權和人權之間、民主和法治之間、公域自主和私域自主之間、積極自由和消極自由之間的概念聯繫精緻地處理，把所有美好的事物 (也許是太多的美好事物）裝進程序主義民主這種強民主概念（a strong concept of democracy）的同時，使現代憲政程序中的更爲實質性的規範要素的地位和作用變得模糊不清了。[6]

的確，正因爲在政治理論和法學理論中的某些最爲重要的爭論，源於人民主權和人權之間、公域自主和私域之間、積極自由和消極自由之間、民主和法治之間的抽象對峙，揭示它們相互之間內在的概念聯繫本身就是一項巨大的成就。但邁出這一步並不等於一勞永逸地結束了政治論爭。繼之以「歷史的終結」者，「文明的衝突」也。哈伯瑪斯著作的英譯名「在事實與規範之間」（Between Facts and Norms）非常貼切地刻劃了包括哈伯瑪斯本人的學說在內的所有社會政治理論的真實處境。而且，哈伯瑪斯的晚近著作似乎更接近於規範理論和經驗理論中的後一種模式，並預示了更爲經驗化的重構這一令人感興趣的和重要的發展線索。

以自由主義的歷史命運爲主題，對當代政治哲學的這一番梳理，禁不住使我們重溫托克維爾的如下政治思想立場：推進自由主義民主制度的最好的思想行動是，不斷地找它的毛病。

註　釋

[1]參見John Gray, "What is Dead and What is Living in Liberalism?" in his *Post-liberalism: Studies in Poiltical Thought*, New York and London: Routledge, 1993；甘陽，〈柏林與「後自由主義」〉，載《讀書》，1998年第4期。

[2]哈伯瑪斯，《民主法治國家的承認鬥爭》，譯載《文化與公共性》，頁343，生活・讀書・新知三聯書店。

[3]John Rawls, *Political Liberalism*, New York: Columbia University Press, 1993, pp.369;並見薩托利，〈民主：多元與寬容〉，譯載《直接民主與間接民主》，生活・讀書・新知三聯書店，1998。

[4]參見Thomas MacCthy, "Kantian Constructivism and Reconstructivism: Rawls and Habermas in Dialogue"，載《中國社會科學季刊》(香港)，1994年，春季卷，總第6期。

[5]哈伯瑪斯在《事實與有效性》中寫道，「就其同等地保護公民的共為基原的私域自主和公域自主而言，一種法律秩序是合法的」，而之所以如此則是由於「(一種法律秩序)將其合法性歸之於只有此種自主能夠表達和證明其自身的形式」。哈

伯瑪斯還補充道：「這是對法的程序主義的理解的關鍵。」針對於此，David M. Rasmussen在為《事實與有效性》寫的書評中指出，哈伯瑪斯的論證從關於建基於交往形式基礎上的語言的性質的方法論的命題開始，在對現代法的性質、特徵和合法性的深入討論後，又回到他開始時對現代法的交往基礎的強有力的斷言上。參見其“How is Valid Law Possible?” in *Philosophy and Social Criticism*, Vol.20, No.4, 1994.

[6] 參見Bernhard Peters, “Reconstructive Legal and Political Theory”，出處同上。

參考文獻

(一)英文部分

1.John Rawls, *A Theory of Justice*, Cambridge: Harvard University Press, 1971.

2.John Rawls, *Political Liberalism*, New York: Columbia University Press, 1993.

3.John Rawls, "The Law of Peoples", *Critical Inquiry*, Autumn, 1993.

4.Robert Nozick, *Anarchy, State and Utopia*, New York: Basic Books Inc, 1974.

5.Ronard Dworkin, *Taking Rights Seriously*, Cambridge: Harvard University Press, 1977.

6.Alasdair MacIntyre, *After Virtue*, University of Notre Dame Press, 1984.

7.Michael Sandel, *Liberalism and the Limits of Justice*, Cambridge University Press, 1982.

8.Michael Sandel, *Democracy's Discontent: America in Search of A Public Philosophy*, Harvard University Press, 1996.

9.Michael Walzer, *Spheres of Justice: A Defence of Pluralism and Equality*, New York: Basic Books Inc., 1983.

10. Charles Taylor, *Philosophy and Human Sciences: Philosophical Papers II*, Cambridge University Press, 1985.

11. Charles Taylor, *Philosophical Arguments*, Harvard University Press, 1995.

12. Jürgen Habermas, *Between Facts and Norms: Contributions to a Discourse Theory of Law and Democracy*, trans. by William Rehg, MIT Press, 1996.

13.Jürgen Habermas, "Three Normative Modes of

Democracy”，載《中國社會科學季刊》(香港)，1994，夏季卷，總第8期。

14.Jürgen Habermas, “*On the Internal Relation Between the Rule of Law and Democracy*”,載《中國社會科學季刊》(香港)，1994，秋季卷，總第9期。

(二)中文部分

1.霍布斯，《利維坦》，商務印書館，1985。
2.洛克，《政府論》下篇，商務印書館，1983。
3.盧梭，《社會契約論》，商務印書館，1980。
4.康德，《歷史理性批判文集》，商務印書館，1990。
5.貢斯當，〈古代人的自由與現代人的自由之比較〉，譯載《自由與社群》，生活・讀書・新知三聯書店，1998。
6.穆（彌）勒，《功用主義》，商務印書館，1957。
7.哈（海）耶克，《自由秩序原理》，生活・讀書・新知三聯書店，1997。

8.哈（海）耶克，《致命的自負》，東方出版社，1991。

9.柏林，《自由四論》，聯經出版事業公司(臺北)，1986。

10.哈貝（伯）馬（瑪）斯，〈法治與民主的內在關係〉，譯載《中國社會科學季刊》(香港)，1994，秋季卷，總第9期。

※ 這裡列舉的文獻，僅限於本書直接使用的傳統和當代政治哲學的主要著作，其餘文獻詳見各章註釋。

文化手邊冊　53

後自由主義

作　　者／應奇
出 版 者／揚智文化事業股份有限公司
發 行 人／葉忠賢
登 記 證／局版北市業字第 1117 號
地　　址／台北市新生南路三段 88 號 5 樓之 6
電　　話／(02)2366-0309　2366-0313
傳　　真／(02)2366-0310
印　　刷／偉勵彩色印刷股份有限公司
法律顧問／北辰著作權事務所　蕭雄淋律師
初版一刷／2000 年 10 月
定　　價／新台幣 150 元

南區總經銷／昱泓圖書有限公司
地　　址／嘉義市通化四街 45 號
電　　話／(05)231-1949　231-1572
傳　　真／(05)231-1002

ISBN　957-818-166-3
網址：http://www.ycrc.com.tw
E-mail：tn605547@ms6.tisnet.net.tw

國家圖書館出版品預行編目資料

後自由主義 =Post-liberalism / 應奇著. --
初版.--臺北市：揚智文化, 2000〔民 89〕
面；　公分. --（文化手邊冊；53）
參考書目：面
ISBN　957-818-166-3（平裝）

1.自由主義

570.112　　　　89009375